路衍经济发展基础理论与山东高速实践

田春林　王孜健　编著

人民交通出版社股份有限公司

北京

内 容 提 要

本书系统研究了路衍经济基础理论，重点对高速公路路衍经济的概念、发展阶段、发展模式等进行了研究，总结了以"高速公路+"为特征的路衍经济产业发展模式，结合山东高速路衍经济发展实践，提出高速公路路衍经济发展重点。

本书可供交通运输行业管理部门参阅，也可供高速公路企业参考。

图书在版编目(CIP)数据

路衍经济发展基础理论与山东高速实践 / 田春林,王孜健编著. —北京：人民交通出版社股份有限公司, 2024.1
ISBN 978-7-114-18908-1

Ⅰ.①路… Ⅱ.①田… ②王… Ⅲ.①高速公路—道路建设—投资—研究—山东 Ⅳ.①F542.851

中国国家版本馆 CIP 数据核字(2023)第 132685 号

Luyan Jingji Fazhan Jichu Lilun yu Shandong Gaosu Shijian
书　　名：	路衍经济发展基础理论与山东高速实践
著 作 者：	田春林　王孜健
责任编辑：	朱明周
责任校对：	赵媛媛
责任印制：	刘高彤
出版发行：	人民交通出版社股份有限公司
地　　址：	(100011) 北京市朝阳区安定门外外馆斜街 3 号
网　　址：	http://www.ccpcl.com.cn
销售电话：	(010) 59757973
总 经 销：	人民交通出版社股份有限公司发行部
经　　销：	各地新华书店
印　　刷：	北京建宏印刷有限公司
开　　本：	787×1092　1/16
印　　张：	8.25
字　　数：	126 千
版　　次：	2024 年 1 月　第 1 版
印　　次：	2024 年 1 月　第 1 次印刷
书　　号：	ISBN 978-7-114-18908-1
定　　价：	68.00 元

(有印刷、装订质量问题的图书，由本公司负责调换)

编 委 会

主　编：田春林　王孜健

副主编：孙可朝　王显光　尚晋平　孙　杨　谢天翔
　　　　任天逸

编　委：（以姓氏笔画为序）
　　　　王　川　王福海　刘振国　买媛媛　李　耿
　　　　李冬麒　辛　晋　汪　健　陆由付　周鹏飞
　　　　庞京成　施庆利　韩继国　霍苗苗

前　　言

高速公路路衍经济作为一种新兴产业，将为高速公路行业提供新的经济增长点，也为交通基础设施投资建设的可持续发展提供坚实基础。本书探讨和辨析了高速公路路衍经济的概念及内涵，研究和系统归纳了路衍经济的基础理论，通过对甘肃、湖北、贵州、江苏、浙江和山东等多个省份大量典型高速公路路衍经济实例的深入分析，提出了高速公路路衍经济发展模式。

山东高速集团有限公司（简称"山东高速集团"）作为山东省乃至全国交通基础设施领域的标杆企业，具备庞大的路产规模、完整的产业链条、丰富的资本运作经验和卓越的品牌形象，在发展路衍经济方面走在了全国的前列，取得了良好的经济效益和社会效益。仅2022年，"服务区+"、物流、能源、装备制造、数字产业等衍生产业营收就超过500亿元人民币。本书选取山东高速集团在"路衍经济+物流""路衍经济+土地开发""路衍经济+服务区""路衍经济+智慧交通""路衍经济+ETC"等方面进行的部分生动的实践，以及在路衍经济发展理论、组织机制、顶层设计、"服务区+"以及数字经济等方面开展的多项探索，一并呈现给同行和读者。

本书可为交通运输行业主管部门和高速公路企业挖掘、利用高速公路沿线优势资源，发展路衍经济，全面激活高速公路基础设施的"产业链"价值，提升高速公路经济效益，提供有益的借鉴和参考。限于作者水平和时间，书中不足之处在所难免。恳请同行和读者批评指正。

作　　者
2023年9月

目 录

第1章 绪论 ·· 1

第1篇 基 础 理 论

第2章 路衍经济基础理论 ·· 7

2.1 路衍经济概念与内涵 ·· 7

   2.1.1 路衍经济概念 ·· 7

   2.1.2 路衍经济内涵 ·· 9

2.2 高速公路路衍经济概念与内涵 ··· 10

   2.2.1 高速公路路衍经济概念 ··· 10

   2.2.2 高速公路路衍经济内涵 ··· 12

2.3 高速公路路衍经济"衍化"动力 ··· 16

   2.3.1 内在"衍化"动力 ··· 16

   2.3.2 外在"衍化"动力 ··· 17

2.4 高速公路路衍经济发展阶段与时代特征 ·································· 19

   2.4.1 高速公路路衍经济发展阶段 ······································· 19

   2.4.2 高速公路路衍经济新时代特征 ···································· 20

2.5 发展高速公路路衍经济的重要意义 ·· 23

   2.5.1 有利于丰富路衍经济发展理论 ···································· 23

   2.5.2 有利于提升高速公路的社会价值和经济价值 ····················· 23

   2.5.3 有利于高速公路企业可持续发展 ································· 24

第3章 高速公路路衍经济产业发展模式 ····································· 25

3.1 高速公路路衍经济发展理念 ·· 25

3.2 高速公路路衍经济发展路径 ·· 26

3.2.1　坚持高速公路路衍经济顶层设计 ……………………………………… 26
　　3.2.2　开拓高速公路行业与其他产业的深度融合发展 ………………………… 26
　　3.2.3　利用现代化数字技术提升高速公路路衍经济发展新动能 ……………… 27
　　3.2.4　打造高速公路路衍经济发展品牌效应 …………………………………… 27
　　3.2.5　形成高速公路路衍经济产业发展体系 …………………………………… 27

第4章　国内外路衍经济发展经验借鉴 …………………………………………… 29
4.1　国内路衍经济发展经验 …………………………………………………… 29
　　4.1.1　甘肃省路衍经济发展经验 ………………………………………………… 29
　　4.1.2　湖北省路衍经济发展经验 ………………………………………………… 35
　　4.1.3　贵州省路衍经济发展经验 ………………………………………………… 37
　　4.1.4　江苏省路衍经济发展经验 ………………………………………………… 39
　　4.1.5　浙江省路衍经济发展经验 ………………………………………………… 42
4.2　国外路衍经济实践 ………………………………………………………… 45
　　4.2.1　欧美路衍经济发展经验 …………………………………………………… 45
　　4.2.2　日本路衍经济发展经验 …………………………………………………… 47

第2篇　山东高速集团实践

第5章　山东高速集团路衍经济发展战略 ………………………………………… 51
5.1　形势和需求 ………………………………………………………………… 51
　　5.1.1　面临形势 …………………………………………………………………… 51
　　5.1.2　内在需求 …………………………………………………………………… 52
5.2　发展战略和目标 …………………………………………………………… 54
　　5.2.1　发展思路 …………………………………………………………………… 54
　　5.2.2　战略定位 …………………………………………………………………… 55
　　5.2.3　发展目标 …………………………………………………………………… 57
5.3　发展任务和重点 …………………………………………………………… 58
　　5.3.1　构建一套路衍经济体制机制 ……………………………………………… 59
　　5.3.2　推动"高速公路+服务经济"发展 ………………………………………… 60
　　5.3.3　推动"高速公路+流量经济"发展 ………………………………………… 61
　　5.3.4　推动"高速公路+通道经济"发展 ………………………………………… 62

  5.3.5 推动"高速公路+资源经济"发展 ································ 63

  5.3.6 推动"高速公路+数字经济"发展 ································ 65

第6章 山东高速集团路衍经济运营管理实践 ·························· 68

 6.1 建立高速公路路衍经济体制机制体系 ································ 68

  6.1.1 建立协同推进工作机制 ·· 68

  6.1.2 构建"三张清单"创新举措 ······································ 69

 6.2 打造"高速公路+物流"网络新理念 ································· 70

  6.2.1 打造高速公路路衍经济物流网络 ································ 70

  6.2.2 构建公路物流信息平台 ·· 72

  6.2.3 打造"齐鲁号·全球购"跨境物流品牌 ·························· 73

 6.3 实施"高速公路+土地"开发新举措 ································· 75

  6.3.1 探索高速公路闲置土地开发新模式 ······························ 75

  6.3.2 推行高速公路沿线土地物流仓储开发 ···························· 77

 6.4 推广"高速公路+服务区"运营新融合 ······························· 78

  6.4.1 打造"服务区+文旅"主题名片 ································· 78

  6.4.2 引入"服务区+商业综合体"理念 ······························ 80

  6.4.3 启动"服务区+乡村振兴"模式 ································· 81

  6.4.4 形成"山东特色"服务区品牌 ··································· 83

第7章 山东高速集团路衍经济技术创新实践 ·························· 84

 7.1 拓展"高速公路+智慧交通"新技术 ································· 84

  7.1.1 打造智慧高速云控平台 ·· 84

  7.1.2 建设智能网联高速公路测试基地 ································ 85

  7.1.3 建设智慧高速公路项目 ·· 88

  7.1.4 打造智能交通产业园 ·· 89

 7.2 探索"高速公路+双碳"新领域 ····································· 90

  7.2.1 推动管理模式创新 ·· 90

  7.2.2 加快分布式光伏项目建设 ······································ 90

  7.2.3 打造济南东"零碳服务区" ····································· 91

 7.3 挖掘"高速公路+ETC"新收益 ····································· 99

  7.3.1 ETC 互联网发行 ··· 99

7.3.2 智能客服体系 ... 102
7.3.3 货车数据科技服务 ... 103
7.3.4 智能洗车 ... 104
7.3.5 智慧停车 ... 105
7.3.6 智慧加油 ... 106
7.3.7 智慧大数据 ... 107
7.4 研发"高速公路+建材"新材料 ... 108
7.4.1 搭建科研平台 ... 108
7.4.2 研发高性能沥青基材料 ... 108
7.4.3 实施赤泥综合利用 ... 110

第3篇 结论与展望

第8章 研究成果与前景展望 ... 115
8.1 主要研究成果 ... 115
8.2 经济社会效益 ... 117
8.2.1 经济效益 ... 117
8.2.2 社会效益 ... 118
8.3 应用前景展望 ... 119

参考文献 ... 121

第 1 章 绪 论

路衍经济属于公路与旅游、传媒、物流、能源、双碳、大数据等融合发展的新兴产业,其充分利用公路沿线资源优势,实现公路沿线资源综合开发,为交通运输行业提供新的经济增长点,拓展经济收入。近几年来,通过发展路衍经济为公路企业提升经营效益、实现可持续发展和转型升级已经成为行业的普遍共识,路衍经济发展也成为行业的研究热点。研究路衍经济发展理论并推动实践探索,尤其是发展、探索并实践高速公路路衍经济,在加快交通强国建设、提升高速公路企业经营效益、提升公路项目可持续发展能力、全面激活高速公路基础设施的"产业链"价值等方面均具有重要意义。

国家层面,全面建设社会主义现代化国家和建设交通强国,要求不断拓展路衍经济,推动实现交通运输行业高质量发展。高质量发展是全面建设社会主义现代化国家的首要任务,在此背景下推动交通运输行业高质量发展势在必行。中共中央、国务院先后印发了《交通强国建设纲要》《国家综合立体交通网规划纲要(2021—2050年)》,为交通运输行业转型发展构建了顶层设计。《交通强国建设纲要》指出,要围绕"运输服务便捷舒适、经济高效",深化交通运输与旅游、物流、先进制造等的融合发展,加速新业态新模式发展,大力发展枢纽经济。《国家综合立体交通网规划纲要(2021—2050年)》提出,要"加强交通运输资源整合和集约利用,推动交通运输与邮政快递、现代物流、旅游、装备制造等相关产业深度融合发展"。高质量发展和交通强国建设已成为交通运输行业发展的重要方向。发展路衍经济是新时期交通运输行业高质量发展的重要抓手,以高速公路为代表的传统公路基建行业,迫切需要创新发展方式、提升资源整合能力,要坚持"以人民为中心"的发展理念,做好顶层设计,探索与其他行业深度融合发展的模式,实现公路行业尤其是高速公路行业的高质量发展。

行业层面，交通基础设施建设成本持续加大和高速公路通行费收入逐步下降，要求全面激活公路基础设施的"产业链"价值，提升公路项目可持续发展能力。近几年来，在基础设施建设成本持续加大、通行费减免优惠持续加码、"公转铁"造成分流等背景下，高速公路收益出现一定的增长乏力态势，全国通行费收支缺口近几年逐步扩大，债务风险和资金链压力突出，以"贷款修路、收费还贷"为政策核心的高速公路发展模式亟须转向效益提升模式，迫切要求不断拓展路衍经济，提升公路项目可持续发展能力。我国《公路"十四五"发展规划》提出"推动公路交通运输与邮政快递业、旅游业等关联产业深度融合，发展路衍经济，为构建新发展格局提供有力支持"。路衍经济作为交通基础设施建设的"新增量"，可进一步融合拓展特色产业，加快国有经济布局调整，优化国有资产配置，有效促进商业模式创新，最大化发挥投资效益并实现国有资本运作良性循环。对高速公路投资建设与运营管理的企业主体来说，充分利用高速公路沿线资源优势发展路衍经济，全面激活高速公路基础设施的产业链价值，已成为高速公路企业提升经营效益、实现可持续发展和转型升级的普遍共识。加大路衍经济的投资建设，能够全面激活"产业链"经济效益，创新企业发展模式，有利于促进高速公路的收费主业与路衍经济产业的良性互补，助力高速公路行业转型升级和可持续发展。

实践层面，我国多个省份从政府、行业或企业层面开始布局路衍产业，并取得良好的成效，可为其他省份提供经验借鉴和参考。甘肃、湖北、贵州、江苏和浙江等多个省份对发展路衍经济进行了尝试与探索。甘肃省制定了路衍经济顶层设计框架，初步形成甘肃路衍经济规划体系，构建了路衍经济体制机制，成立了路衍经济推进机构。湖北省深入实施"1+1+N"发展战略，并成立主体企业经营路衍经济业务。贵州省制定了路衍经济高质量发展方案，围绕全域旅游推动"交旅融合"高质量发展。江苏省成立了专业公司，推动路衍经济业务发展，创新"高速公路+旅游"业务，打造"江苏模式"服务区。浙江省成立了专业公司，全方位布局路衍经济业务，并提出构建"四大业务板块+两大平台"的产业布局。山东高速集团是山东省践行路衍经济的主体，在"路衍经济+物流""路衍经济+土地开发""路衍经济+服务区""路衍经济+智慧交通""路衍经济+ETC"等方面进行了大量的实践，在路衍经济发展理论、组织机制、顶层设计以及"服务区+"、数字经济等方面开展了多项探索，取得了良好的经济社会效益，仅ETC发行和ETC

扩展业务,2022年的收入和利润总额就分别达到了4.47亿元和2.35亿元人民币,在经济层面极大提升了山东高速集团的可持续发展水平。

  基于上述背景,本书研究路衍经济发展理论,以高速公路路衍经济为研究重点,提出高速公路路衍经济概念、内涵、时代特征、演化规律、产业实施路径等内容,系统梳理和总结全国各地探索实践路衍经济的经验做法,并以山东在高速公路路衍经济开展的相关实际工作为基础,总结山东高速集团高速公路路衍经济发展理论、顶层设计、体制机制、运营管理、技术创新等方面的创新实践成果。本书内容可为全国其他省份和相关企业开展路衍经济业务提供借鉴和参考。

第1篇 基础理论

第2章 路衍经济基础理论

2.1 路衍经济概念与内涵

2.1.1 路衍经济概念

国内对于路衍经济的研究始于20世纪90年代,先后出现了"路沿经济""路延经济""路域经济"等提法。近些年,业内将"路衍经济"概念拓展到公路交通全领域、全范围、全周期,并将其作为新产业、新经济形态进行体系化研究、产业化布局,不仅兼顾了点和线的问题,而且扩展到时间和空间维度,路衍经济逐渐走进大众视野。

路衍经济的早期研究集中在路衍经济的定义、概念和产业理念研究。中路交科交通咨询有限公司的孙瑜(2002年)提出高速公路路衍经济是指以高速公路交通运输网络为基础,依托沿线服务区、高速公路出入口、互通区、匝道、城镇节点等发展的"带状经济"。天津大学管理学院的张炎亮(2005年)将高速公路的关联产业群体定义为高速公路衍生产业。他认为高速公路衍生是以高速公路为基准走向并扩延至高速公路两侧的相对集中的、经济发展水平或速度高于所在经济区域的商品产业群体。郑州大学的王金凤(2005年)界定了高速公路衍生产业的内涵,认为高速公路衍生产业一般由与高速公路建设发展相关的产品和服务在价值链上活动的产业带构成。长安大学的李茜(2008年)提出高速公路衍生产业是分布在道路两侧、直接受益于高速公路的商业和服务,主要包括服务区、广告和加油站等。长安大学的林旭霞(2008年)以重庆铁发遂渝高速公路有限公司的衍生产业经营开发为例,介绍了高速公路经营公司衍生产业经营开发的实践。

近10年，路衍经济的研究不仅在概念上有了更清晰的提法，而且开始对路衍经济涉及的新兴业务进行探索经验总结。

在概念上，交通运输部科学研究院的王海霞等（2019年）提出高速公路路衍经济的核心内容是依托高速公路线路资源，地理上向高速公路两侧及周边扩展，业态上依托高速公路核心功能业务向关联产业延伸，通过综合施策和资源开发利用而形成的关联产业或业务集群；甘肃省公路交通建设集团有限公司的景宏福等（2019年）指出公路交通路衍经济是指以公路及相关运输网络为基础，以公路两侧服务区、出入口、互通区、匝道等区域为依托，通过综合施策和资源开发利用，将业态由公路建管养运向关联产业延伸，形成对区域经济发展具有一定辐射带动作用的"产业集群""产业经济带"；昆明大学的李沁芸（2018年）将高速公路衍生产业定义为：以高速公路为依托的、由高速公路运营公司经营的主营业务以外的其他相关产业，包括旅游产业、服务区产业、物流产业等。

在业务探索上，天津高速公路集团有限公司的刘宇春（2013年）提出高速公路路衍经济是高速公路经营公司经营的、主营业务以外的以高速公路为依托的产业，包括旅游业、房地产、广告业等；中交第二公路勘察设计研究院有限公司的吴东平（2019年）分析了高速公路路衍经济产业模式，他认为路衍经济产业模式包括开放式服务区、高速公路+物流园区、高速公路+旅游；针对内蒙古高速公路路衍开发，交通运输部科学研究院的陈建军（2019年）提出要积极探索各种金融工具的有效利用，要因地制宜科学论证路衍经济业务的实施方案；甘肃长兴公路服务区管理有限公司的李伟东（2019年）提出高速公路路衍经济发展构想，即高速公路在PPP（政府与社会资本合作）项目上可以通过"授权-建设-运营"模式，由管理单位进行总体管理，运营单位进行实施，采用向业主单位每年上交一定管理费或者利润分配的方式进行合作开发；甘肃路衍经济产业研究院的王龙等（2022年）提出甘肃公路交通建设集团有限公司路衍经济发展实施"1232"差异化发展战略，包含了能源建材、通道物流、"服务区+"、交旅融合、交通装备制造、智慧交通等产业方向。

经过多年的研究，业界对路衍经济并没有形成统一和公认的定义。在上述概念中,因诸多学者研究问题的出发点不同,看问题的角度不同,所以定义有所不同。虽然文字表述差异不大,但侧重点、内涵和外延均有不同。一般来说,路衍经济的概念应更充分地考虑公路特点以及公路与经济的融合特性,然而多数学者对研究路衍经济的概念研究多集中于产业经济带、带状经济等。对于路衍经济的产业研究,早期研究仅集中在服务区、广告、加油业务,尽管后期路衍经济产业研究扩展到了旅游业、物流业等方面,但是在业务广度、深度上仍然具有局限性。

本书基于路衍经济发展的本质,结合路衍经济业务实践的探索经验,给出了"路衍经济"的定义:依托公路线路资源,地理上向公路两侧及周边扩展,业态上依托公路核心功能业务向关联产业延伸,通过综合施策和资源开发利用而形成的关联产业或业务集群。

2.1.2 路衍经济内涵

路衍经济的内涵涉及路衍经济业务和分类,具体又细分为多个方面。

1)路衍经济业务

从业务发展模式来看,路衍经济是公路交通与文化旅游、能源、农业、工业、物流、交通装备制造、数字经济等相关产业融合的新经济发展模式。

从业务发展维度来看,路衍经济聚焦"三大维度":公路沿线资源开发、公路空间场地资源开发、公路资源后市场开发。

从业务发展方向来看,路衍经济的业务方向有:交旅融合、通道物流、能源建材、"服务区+"、智慧交通、交通装备制造、乡村产业及其他业务。

2)路衍经济分类

路衍经济按照不同分类标准可以分为以下类别。

按照业务类型,路衍经济可以划分为文旅、物流、应急救援、综合商业、能源、智慧交通、广告等。

按照公路属性,路衍经济可以划分为高速公路路衍经济、普通国省道路衍经济、农村公路路衍经济。

按照经济属性,路衍经济可划分为服务经济、资源经济、流量经济、数字经济、通道经济等。其中,服务经济包括在服务区为驾乘人员提供购物、车辆维修、旅游、加油加气等服务;资源经济包括依托高速公路通信管道、沿线光纤资源、周边旅游与土地资源等开发光伏发电、旅游、生态环保等业务;流量经济包括依托高速公路客流量、车流量开拓广告宣传业务;数字经济主要是 ETC 数据综合开发、智慧交通建设等。

按照经济性质,路衍经济业务可划分为营利性业务和非营利性业务。例如,服务区的加油站、餐饮、超市、休闲娱乐等具有经营性的特点,一般属于营利性业务。而高速公路服务区内的公共厕所、停车场等是公益业务,属于非营利性业务,也可称为公益性业务。经营性与公益性并存,是路衍经济业务的一个重要特点。

按照发展阶段分,路衍经济业务可划分为传统业务、新兴业务、未来业务。

2.2 高速公路路衍经济概念与内涵

2.2.1 高速公路路衍经济概念

高速公路路衍经济发展的核心是利用高速公路相关资源衍生出新兴产业。由于高速公路拥有服务区及收费站等基础设施、ETC 技术应用基础、人流车流货流的流量大数据,因此高速公路比普通国省道、农村公路在路衍经济发展上更具有优势,研究高速公路路衍经济更具有经济和商业价值。

我国高速公路的发展起步于 20 世纪 80 年代末,到 2014 年,我国高速公路通车里程达 11.19 万公里,超越了美国的 9.2 万公里,跃居世界第一。截至 2022 年底,我国高速公路里程达 17.73 万公里,其中国家高速公路里程 11.99 万公里,高速公路里程占全国公路总里程的 3.3%(图 2-1)。2022 年交通运输部发布的《国家公路网规划》明确提出 2035 年的国家公路网布局方案,总规模约 46.1 万公里,其中,国家高速公路网规划总里程约 16.2 万公里,由 7 条首都放射线、11 条北南纵线、18 条东西横线,以及 6 条地区环线、12 条都市圈环线、30 条城市绕城环线、31 条并行线、163 条联络线组成。未来,我国高速公路行业在交通运输体系建设中将继续发挥更重要的作用。

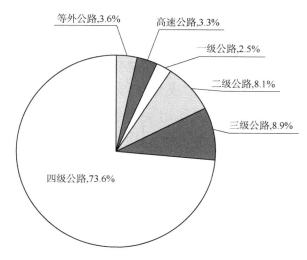

图 2-1　2022 年年末全国公路里程构成（按技术等级分）

2021 年度，全国收费公路车辆通行费收支缺口为 6278.8 亿元（图 2-2）。其中，高速公路收支缺口为 6047.3 亿元，一级公路收支缺口为 221.9 亿元，二级公路收支盈余为 3.9 亿元，独立桥梁及隧道收支缺口为 13.5 亿元。剔除 2020 年疫情防控免费因素后，2021 年车辆通行费收支缺口同比增加 393.6 亿元，增长 6.7%。

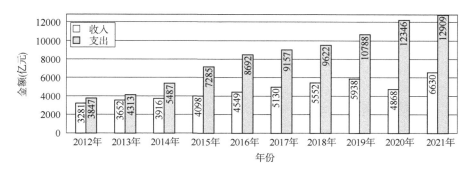

图 2-2　2012 年至 2021 年我国收费公路通行费收支

注：数据来源《2021 年全国收费公路统计公报》。

由于宏观经济放缓、行业竞争加剧，以"贷款修路、收费还贷"为政策核心的高速公路发展模式的可持续性受到挑战，投资的边际效益逐步下降，高速公路行业发展亟须从规模扩张转向效益提升。高速公路具有服务区等设施资源、广告等产业资源、ETC 等流量资源，围绕这些资源进行深度开发可以促进高速公路行业的可持续发展。高速公路路衍经济发展的核心是利用高速公路的设施、广告、

ETC等相关资源衍生出新兴产业。

基于上述分析,围绕高速公路特性,本书提出了"高速公路路衍经济"的概念,即以高速公路及其附属设施为基础,充分利用征地界内空间场地资源以及沿线一定区域内基础设施关联资源,形成交通与文化、旅游、能源、物流、生态治理、乡村振兴、数字产业、双碳产业及其他衍生产业融合,从而衍生出新的经济业态。高速公路路衍经济概念示意图见图2-3。

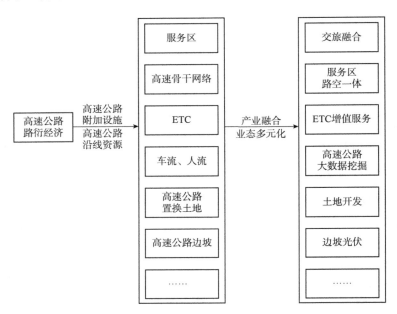

图2-3 高速公路路衍经济概念示意图

2.2.2 高速公路路衍经济内涵

高速公路路衍经济作为高速公路发展过程中的新兴业态,其内涵主要体现在以下四个方面。

1) 是高速公路行业依托自身资源衍生的新兴业态

高速公路路衍经济发展依托于征地界内空间场地相关资源,通过进一步开发这些资源获得额外的社会经济价值。依托资源主要包括设施资源、产业资源、流量资源三个层面。

设施资源:运用产业经济学,充分挖掘服务区、收费站、匝道圈等高速公路征地界内空间场地潜能,最大限度释放高速公路自身经济溢出效应。

产业资源:运用产业经济学、区域经济学、绿色经济学,充分撬动高速公路沿线文化、旅游、物流、乡村振兴、低碳、路空一体等资源开发，为深度参与城乡综合开发、融入地方经济发展、推进产业链和价值链升级带来广阔的市场空间。

流量资源：利用数字经济，充分利用高速公路的人流、车流、物流、信息流打造数字产业和智慧交通业务，实现资源的快速优化配置与再生，为路衍经济注入科技与活力。

2）是高速公路行业追求经济价值的新兴业态

2015年至2022年，我国高速公路运营里程增长速度整体呈现下降趋势，高速公路基础设施兴建浪潮逐渐趋于平缓，大规模的持续运维管理时代已经到来。目前，高速公路可持续发展的能力仍然存在一些短板和弱项，高速公路运营的传统收入主要来自于通行费，随着新建高速公路成本大幅攀升、高速公路债务还款高峰期到来，全国高速公路收支不平衡越来越大，80%的高速公路通行费收入用来偿还银行的本息，普遍是"借新债还旧债"，长此以往，高速公路行业的良好经济收益局面难以持续。2022年主要交通建设投资企业资产负债情况见表2-1。

2022年主要交通建设投资企业资产负债情况　　　　表2-1

序号	投资单位名称	资产负债（亿元）	资产负债率
1	贵州交通建设集团有限公司	1957.51	76.0%
2	山东高速集团有限公司	9856.91	74.5%
3	河北交通投资集团有限公司	2468.95	74.4%
4	贵州高速公路集团有限公司	3153.25	71.9%
5	广东交通集团有限公司	3354.82	71.5%
6	湖北交通投资集团有限公司	4476.35	71.1%
7	福建高速集团有限公司	2542.00	69.8%
8	蜀道投资集团有限责任公司	8218.27	69.2%
9	陕西交通控股集团有限公司	3958.28	69.0%
10	云南省建设投资控股集团有限公司	5384.64	68.7%
11	广西北部湾投资集团有限公司	2455.40	68.4%
12	甘肃公路航空旅游投资有限公司	4738.27	67.5%
13	重庆高速公路集团有限公司	1464.27	67.2%
14	云南省交通投资建设集团有限公司	5279.43	67.0%

续上表

序号	投资单位名称	资产负债(亿元)	资产负债率
15	浙江省交通投资集团有限公司	5619.89	66.9%
16	河南交通投资集团有限公司	4276.61	66.8%
17	广西交通投资集团有限公司	4147.95	65.9%
18	湖南省高速公路集团有限公司	4350.64	65.9%
19	内蒙古公路交通投资发展有限公司	1515.05	65.4%
20	安徽交通控股集团有限公司	2178.26	63.3%
21	江西省高速公路投资集团有限责任公司	2527.19	63.0%
22	江苏交通控股有限公司	4797.25	61.6%
23	吉林高速公路集团有限公司	1869.36	61.4%
24	广东省铁路建设投资集团有限公司	1304.96	55.7%
25	辽宁省交通建设投资集团有限责任公司	1453.88	52.6%
26	重庆城市交通开发投资集团有限公司	1676.31	48.4%

注：数据来源为各交通投资企业公布的2022年年报。

经济收入是高速公路企业可持续发展的重要基础。高速公路路衍经济的内涵之一就是增加营收，提升企业整体实力。科学谋划路衍经济发展，可以有效提高经济效益。例如，2022年山东省83%的高速公路由山东高速集团运营，山东高速集团积极开拓路衍经济业务，2022年的"服务区+"、物流、能源、装备制造、数字产业等衍生产业营收约占集团总营收的22.5%。

3) 是高速公路行业实现高质量发展的新兴业态

我国经济发展已经处于从数量型扩张到质量型提升的跳跃阶段，这不仅符合唯物辩证法"量变到质变"的逻辑，也符合古典经济学"质量并重"的逻辑以及后发赶超转型国家发展的逻辑。当前，我国社会主要矛盾已经转化为人民日益增长的美好生活需要和不平衡不充分的发展之间的矛盾，中国特色社会主义进入了新时代。高质量发展是全面建设社会主义现代化国家的首要任务。所谓高质量发展，就是能够很好满足人民日益增长的美好生活需要的发展，是体现新发展理念的发展，是创新成为第一动力、协调成为内生特点、绿色成为普遍形态、开放成为必由之路、共享成为根本目的的发展。

高速公路行业在新时期必须切实抓住新机遇，精准分析自身优势与发展空间，积极思考未来发展方向，与国家战略定位保持一致，推动自身的高质量发展。

路衍经济是高速公路高质量发展的重要抓手,其产业拓展性和经济开拓性更是符合高速公路高质量发展的核心,高速公路路衍经济的发展理念、目标、要求见图2-4。

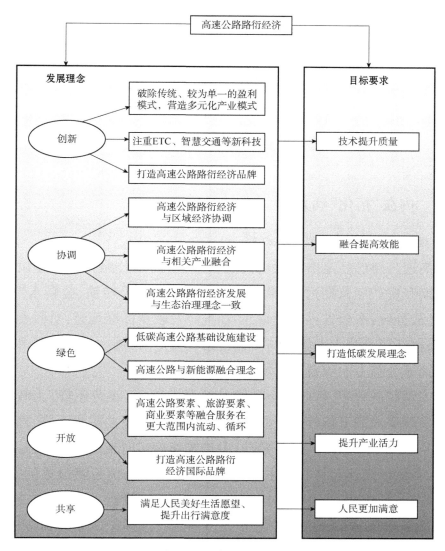

图 2-4　路衍经济高质量发展概念模型

4) 是高速公路行业与其他产业融合的新兴业态

产业融合是指某一产业通过与其他产业进行资源、市场、技术等渗透、交叉与重组等,形成跨产业的经济活动,催生出新兴产业的动态过程。高速公路行业为其他产业提供人和物的空间位移服务,是经济社会发展的基本需要和先决条件,是生产生活的基础支撑和重要纽带,也是现代产业的先驱和国民经济的先行行业。高速公路行业自身的产业链较长,涉及服务区、土地、物流、ETC收费、智能交通服务等多个环节,是一个庞大的产业链群。高速公路路衍经济的内涵之一就是利用高速公路行业特性,通过联合其他行业共同寻找新的经济增长点,挖掘高速公路网络潜能,推动智能化衍生服务,整体提升高速公路产业的多元化水平,增强高速公路可持续发展能力,满足人民群众对于高速公路出行的美好愿望。例如,山东高速集团以ETC收费为基础积极开拓ETC衍生商业服务,2022年度ETC发行和ETC扩展业务收入共计4.47亿元,利润总额2.35亿元。

2.3 高速公路路衍经济"衍化"动力

2.3.1 内在"衍化"动力

1)高速公路行业主业收益放缓

我国高速公路已经走出了大规模建设阶段,高速公路行业从建设高峰期向平稳运营期和资产经营期过渡;路网密度增加以及"公转铁、公转水"等运输结构调整,造成分流;取消省界收费站、ETC推广及收费标准调整,对收费与成本造成影响;路桥新建改建成本增加与高速公路收益下滑,进一步压缩了高速公路企业营收。高速公路主业收益出现增长乏力态势。

由于宏观经济放缓、行业竞争加剧,以"贷款修路、收费还贷"为政策核心的高速公路发展模式的可持续性受到挑战,投资的边际效益逐步下降,高速公路行业发展亟须从规模扩张转向效益提升,由传统管理转向现代管理,实现高质量提升。因此,在做好高速公路收费主业的同时,利用好高速公路沿线的资源优势,结合政策红利、行业特性、企业需求以及竞争优势等因素,加大非主业特别是路衍经济的投资开发,全面激活"产业链"经济效益,创新企业发展模式,促进高速公路的收费主业与路衍经济产业的良性互补,成为高速公路行业提升经营效益、实现可持续发展的共识。

2)高速公路企业向多元化发展已经成为必然趋势

多元化发展是拓展企业市场经营范围、提升企业市场竞争力的重要举措。多元化发展指企业为了更多地占领市场、开拓市场,或规避经营单一事业风险而选择性地进入新的事业领域,以利于企业突破自身发展瓶颈,寻求新的利润增长点,抵抗外部环境变化带来的风险。

近年来,我国许多高速公路企业已经开启了多元化战略,例如山西交通控股集团有限公司依托高速公路主业优势,大力发展交通产业金融、勘察设计、工程施工、工程监理、环保咨询与工程、服务区经营等多元业务,截至2020年末,多元化业务的营收比重已达到61.26%;湖南省高速公路集团有限公司聚焦高速公路路域资源开发,基本形成了以高速公路投资建设运营为核心,服务区、广告文旅、工程实业、物流商贸、数字科技、资产经营服务六大路域产业和金融服务为支撑的产业经营格局,2018年1月至2021年6月,其产业经营收入达85.31亿元,实现扭亏为盈,经营状况逐步向好。

高速公路运营主体一般为高速公路企业,在聚焦"经营高速公路产品"主业的高速公路规划设计、建设管理、运营服务、道路养护等业务的同时,必须积极向上下游衍生业务拓展,不断巩固区域优势地位;着力在产品与服务创新、规模与深度上下功夫,突破业务的局限性;以客户为中心,不断拓展产业链的长度和厚度,着力关注现代化物流、服务区产业融合、ETC增值服务、智慧交通等路衍经济产业领域。

2.3.2 外在"衍化"动力

1) 交通行业政策对路衍经济发展的推动与支撑

政策法规对路衍经济的发展起到推动与支撑作用。政策环境对一个产业的发展影响巨大,一个产业要想发展,离不开产业政策、经济政策的扶持。通过产业政策、财政税收政策等经济政策,国家或地区能够达到扶持或抑制某个或某些产业的成长的目的。

《交通强国建设纲要》提出,要推动交通发展由追求速度规模向更加注重质量效益转变,要加速新业态新模式发展。《国家综合立体交通网规划纲要》指出,要推进交通运输与邮政快递、现代物流、旅游、装备制造等相关产业融合发展。各地的交通运输相关规划也均提出要推动交通与相关产业融合发展,例如《甘肃省国民经济和社会发展第十四个五年规划和二〇三五年远景目标纲要》明确提出"推动交通运输与文化旅游、现代农业、工业园区、现代物流等关联产业深度融合,发展临空经济、枢纽经济,打造路衍经济产业链"。

2) 出行者对高速公路出行品质需求提升的客观要求

发展路衍经济是高速公路行业新时期高质量发展的重要抓手。发展路衍经济要"坚持以人民为中心"的共享发展理念。我国已经进入新时代中国特色社会主义发展的第一阶段,人们对于出行的需求开始由单一的运输需求转变为多元化需求,对于商业、旅游、智能、安全、舒适等方面均提出了更高的要求。人们对于高速公路出行的期望,不仅体现在快速的运输速度上,而且期望在高速公路出行的同时享受到商业、旅游、休闲等一体化的高品质公路出行服务。高速公路行业为提升用户吸引力,从客观上需要为用户提供更高品质的多元化服务,而这必然要求高速公路发展路衍经济。

3) 信息化技术、数字化技术带来的广阔市场前景

互联网、物联网、大数据等现代化信息技术的迅猛发展,不仅彻底地改变了人们的生活方式,而且为社会各产业的发展运营模式带来了巨大的改变。信息技术不仅为产业成长提供了现实的基础,而且信息技术发展的速度很大程度上决定了产业的成长速度。高速公路路衍经济涉及流量大数据、ETC 服务、智慧信息化平台等多种现代化技术,应紧跟科技步伐,以高速公路服务数字化、智慧化融合发展的理念、要求,提升路衍经济产业的服务管理效率、用户体验和安全保障。

4) 新能源发展战略带来的交能融合新机遇

为积极响应国家"碳达峰、碳中和"的决策目标,推动能源绿色低碳转型,政府部门积极推动新能源大基地项目、多能互补示范项目、大型共享式储能电站项目等行动方案,全面贯彻新发展理念,构建新发展格局。交通运输行业的新能源发展已经成为顶层政策设计,2021 年交通运输部在《交通运输部关于推动交通运输领域新型基础设施建设的指导意见》(交规划发〔2020〕75 号)中指出"鼓励在服务区、边坡等公路沿线合理布局光伏发电设施,与市电等并网发电"。

与传统化石能源相比,新能源具有一些特殊属性。第一,新能源往往是可再生能源,具有不可耗竭性,这是其与化石能源最显著的不同。可再生这一关键属性将会弱化新能源参与经济活动时数量上的限制。第二,新能源一般是低碳的清洁能源,这意味着新能源不仅能够满足经济发展过程中的能源消费需求,而且不会对环境产生明显损害,一定程度上实现了能源消耗与生态环境的兼容,从而避免了治理环境污染的经济投入。高速公路能源具有"网属性"的特征,可借助分布式光伏发电,将可再生能源接入配电网。随着公路交通"源属性"持续开发,公路交通行业有望由能源消费者转变为能源生产者,潜力与后劲十足。在路衍经济中发展新能源、低碳等相关产业,不仅符合国家的发展方向,而且为路衍经济带来新的产业方向,可以推进路衍经济向着绿色的方向健康前进。

2.4 高速公路路衍经济发展阶段与时代特征

2.4.1 高速公路路衍经济发展阶段

从高速公路路衍经济业务发展状态、顶层设计、体制机制、路衍经济业务类型、现代化技术应用、经济效益、社会效益等多指标角度进行衡量,高速公路路衍经济发展分为初始阶段、发展阶段、成熟阶段。各发展阶段特征见表2-2。

路衍经济的发展阶段特征　　表2-2

指标特征	业务发展状态	顶层设计	体制机制	业务类型	现代化技术应用	经济效益	社会效益
初始阶段	无序发展	缺乏设计规划	基本为空白	高速公路服务区、传统能源、广告服务等传统业务	较少	一般	用户满意度一般
发展阶段	多元化发展	开始制定实施	设立路衍经济临时管理实施部门,探索企业路衍经济生产制度	向产业融合、综合土地开发、新能源等多维度探索发展	依靠智慧信息化平台、智能新基建等现代化技术手段	显著提高	用户满意度显著提升
成熟阶段	多产业共赢	顶层设计完备	成立常设实施部门、路衍经济生产制度成熟	现代化物流、服务区商业新模式、ETC增值服务、低碳新基建等产业齐头并进	现代化技术手段覆盖了路衍经济的管理与服务体系	已经成为高速公路行业的主力,促进区域经济发展	用户充分享受到路衍经济的红利,低碳绿色效益显著

1)初始阶段

初始阶段主要是路衍经济处于杂乱状态,路衍经济顶层设计尚未形成,体制机制尚属空白,路衍经济业务类型还处于高速公路的传统业务阶段,主要包括高速公路服务区的传统业务、传统能源(加油)服务、广告服务等,现代化技术应用手段较少,经济效益发展缓慢,社会效益较为一般。

2)发展阶段

发展阶段主要是路衍经济在业务上呈多元化发展,开始制定路衍经济顶层设计,体制机制上探索路衍经济的管理实施部门、企业路衍经济生产制度等,路衍经济业务开始向产业融合、综合土地开发、新能源等多角度探索发展,开始依靠智慧信息化平台、智能新基建等现代化技术手段,路衍经济业务经济收入显著提高。

3) 成熟阶段

成熟阶段主要是路衍经济在业务上形成了多产业共赢的商业体系模式,形成了较为完备的路衍经济发展顶层设计,成立了路衍经济管理部门,制定了完备的生产制度,路衍经济业务根据区域特色呈现百花齐放的状态,现代化物流、服务区商业新模式、ETC 增值服务、低碳新基建等产业齐头并进,现代化技术手段覆盖了路衍经济的管理与服务体系,路衍经济收入成为高速公路企业的主力,用户充分享受到路衍经济的红利,低碳绿色效益显著。

2.4.2 高速公路路衍经济新时代特征

1) 经济转型升级特征

世界面临百年未有之大变局,国际秩序和经贸体系深度调整,发展面临的新机遇新挑战层出不穷。交通运输业作为国民经济基础性、先导性、战略性、服务性行业。积极推动交通运输与衍生产业的融合发展,培育和壮大交通运输新模式、新业态,势在必行。

高速公路路衍经济作为交通运输业的新产业、新经济业态,正是立足新发展阶段、贯彻新发展理念、融入新发展格局的现实需要,能够推动产业融合经济布局优化、区域经济高质量发展、促进地方区域经济增长、提升高速公路运输增值服务,是实现存量资源效益最优化的重要手段,是公路投建运管企业实现转型升级的重要抓手。应通过发展路衍经济带动沿线区域经济增长,促进相关产业降本增效、提质升级,促进基础设施业务发展,提高企业经济效益,实现自身高质量发展。

2) 支撑行业发展特征

《交通强国建设纲要》提出,要推动交通发展由追求速度规模向更加注重质量效益转变,要加速新业态新模式发展;《国家综合立体交通网规划纲要(2021—2050 年)》指出,要推进交通运输与邮政快递、现代物流、旅游、装备制造等相关产业融合发展。各地的交通运输相关规划也均提出要推动交通与相关产业融合发展,例如《甘肃省国民经济和社会发展第十四个五年规划和二〇三五年远景目标纲要》《甘肃省属企业发展路衍及临空经济专项规划》《山东省贯彻〈交通强国建设纲要〉的实施意见》《山东省"十四五"综合交通运输发展规划》等。

我国《公路"十四五"发展规划》提出"推动公路交通运输与邮政快递业、旅游业等关联产业深度融合,发展路衍经济,为构建新发展格局提供有力支撑"。中国银保监会和交通运输部联合印发了《关于银行业保险业支持公路交通高质量发展的意见》,对路衍专营经济做了详细说明,指出各级交通运输主管部门要进一步创新和完善公路市场化运营模式,科学规范公路收费,持续发展自主经营,积极拓展路衍专营。通过结合地方区位优势、资源禀赋和市场潜力,规划具有市场吸引力的公路交通项目,做好招商引资和产业导入,大力发展路衍专营经济。路衍专营要积极吸引社会资本参与公路交通建设发展,要做到独立运营、分账管理。纳入政府性基金管理的通行费等收入和纳入企业收入管理的经营性专项收入实行分账管理,纳入企业收入管理的经营性专项收入包括路衍专营收入,要优先用于偿还银行保险机构融资。

近两年,路衍经济越来越受到各级部门的重视,一些政策和制度相继出台,具体见表2-3。

2021年以来交通运输行业路衍经济相关政策文件 表2-3

文件、会议	路衍经济相关内容	备注
《公路"十四五"发展规划》(交规划发〔2021〕108号)	推动公路交通运输与邮政快递业、旅游业等关联产业深度融合,发展路衍经济,为构建新发展格局提供有力支持	公路交通领域
2022年2月15日,交通运输部部务会	要进一步指导地方创新和完善公路建设和养护市场化融资模式,拓展路衍经济,不断提升公路项目可持续发展能力	公路交通领域
中国银保监会、交通运输部《关于银行业保险业支持公路交通高质量发展的意见》(银保监发〔2022〕8号)	各级交通运输主管部门要进一步创新和完善公路市场化运营模式,科学规范公路收费,持续发展自主经营,积极拓展路衍专营。 通过结合地方区位优势、资源禀赋和市场潜力,规划具有市场吸引力的公路交通项目,做好招商引资和产业导入,大力发展路衍专营经济。 路衍专营要积极吸引社会资本参与公路交通建设发展,要做到独立运营,分账管理。 纳入政府性基金管理的通行费等收入和纳入企业收入管理的经营性专项收入实行分账管理,纳入企业收入管理的经营性专项收入包括路衍专营收入,要优先用于偿还银行保险机构融资	路衍专营经济

续上表

文件、会议	路衍经济相关内容	备注
《交通运输部关于巩固拓展交通运输脱贫攻坚成果全面推进乡村振兴的实施意见》(交规划发〔2021〕51号)	以农村公路为依托,探索支持路衍经济发展的路径	农村公路领域
《交通运输部、国家发展改革委、财政部、农业农村部、中国人民银行、国家乡村振兴局关于印发〈农村公路扩投资稳就业更好服务乡村振兴实施方案〉的通知》(交公路发〔2022〕82号)	探索支持农村公路路衍经济发展路径	农村公路领域

3) 引领企业改革特征

党的十八大以来,国务院出台并完善了国企改革"1+N"政策体系,为新时代国有企业改革搭建了"四梁八柱"。《国企改革三年行动方案(2020—2022年)》也指明了国有企业"抓重点、补短板、强弱项"的关键方向,提出"增强国有经济的竞争力、创新力、控制力、影响力、抗风险能力"。

高速公路运营单位一般是省内的高速公路集团,作为地方交通基建龙头国有企业,肩负着提升传统产能、培育壮大新动能的重任。高速公路路衍经济作为交通基础设施建设的"新增量",可进一步融合拓展特色产业,加快国有经济布局调整,优化国有资产配置,有效促进商业模式创新,最大化发挥投资效益并实现国有资本运作良性循环,从而更加有力地支撑保障国有资本保值增值和助力国企改革发展。

发展路衍经济助力破局高速公路发展困境。当前高速公路企业面临经营压力较大、高速公路投资不可持续的困局,相关企业立足主业,寻求多元发展,打破困局。全国各省份的交通基建企业中,开展物流业务的有26家,开展金融业务的有24家,开展房地产业务的有17家,开展商贸业务的有16家,开展文旅业务的有6家。按照拓宽外部市场的思路,迫切需要实现高速公路企业在外部市场的拓展。发展路衍经济,有利于企业多渠道盘活各类资源,不断培育新的、可供长期发展的新型业务领域,形成新的经济增长点,通过"路内不足路外补",尽快回笼资金,实现高速公路建设"软着陆",助推高速公路企业可持续发展和转型升级。

4)满足服务需求特征

从消费者需求层面,迫切需要提高传统公路服务质量和水平,满足人民对美好生活的向往。随着人民生活水平的不断提高,私家车越来越多地进入百姓日常生活,旅游需求越来越旺盛,人民更加追求安全、便捷、舒适的高品质出行。同时,随着新能源、自动驾驶、大数据、5G(第五代移动通信技术)等新技术的出现,公路出行越来越呈现智慧化、绿色化趋势,也督促公路行业转型升级。顺应消费升级趋势,高速公路应以更好地满足群众高品质出行消费需求为出发点,全面融入地方特色经济发展,深入挖掘各类要素资源,通过场景应用拓展驱动服务创新、产品创新和商业模式创新,不断满足百姓在广告文宣、文化旅游、特色餐饮、商务出行、综合运输、线上购物、能源供给等方面的需求。

2.5 发展高速公路路衍经济的重要意义

2.5.1 有利于丰富路衍经济发展理论

我国高速公路建设从20世纪80年代末正式开始起步,经历了20世纪80年代末至1997年的起步建设阶段和1998年至今的快速发展阶段。1988年上海至嘉定高速公路建成通车,结束了我国大陆没有高速公路的历史。截至2022年末,全国高速公路里程达17.73万公里,居世界第一。30多年来,业界对高速公路建设发展进行了丰富的研究,而对于路衍经济研究还处于探索阶段,对以高速公路为主体的高速公路路衍经济发展理论研究相对较少。研究高速公路路衍经济的内涵及特征,丰富高速公路路衍经济发展理论,可为各个地区高速公路企业、地方政府发展路衍经济提供理论支撑。

2.5.2 有利于提升高速公路的社会价值和经济价值

坚持以人民为中心的发展思想,增进人民福祉,促进人的全面发展,朝着共同富裕方向稳步前进是我们国家经济发展的出发点和落脚点。在路衍经济发展中,应始终牢记以人民为中心。高速公路是最重要的公共基础设施之一,对地方经济的发展、人民的生活等方面均有十分重要的影响。依托高速公路发展路衍经济能够有效地促进沿线地区的经济发展、改善人们的生活质量和生活水平,让广大人民享受到高速公路发展路衍经济带来的改革红利。在"服务区+"、智慧高速、ETC增值服务等方面对高速公路经济的商业模式进行研究,有助于推动高速公路的发展,提高高速公路的经济价值。

2.5.3　有利于高速公路企业可持续发展

高速公路路衍经济相关产业的建设者、运营者一般为高速公路企业,是以营利为目的的企业法人。基于此,高速公路企业在经营传统业务的基础上还应该开辟更多的渠道来获取更多的收益。路衍经济可推动高速公路产业链内部协同,促进高速公路与各区域主导产业(如商贸物流、旅游、金融等)融合发展,培育新业态,发掘和占领新的细化市场,丰富和创新了高速公路的商业发展模式。此外,路衍经济在实践过程中,总结凝练形成的相关标准、规范、指南、论文、专著、软著和专利等成果,也对高速公路企业发展提供一定的理论指导和实践参考。

第3章 高速公路路衍经济产业发展模式

3.1 高速公路路衍经济发展理念

党的十八届五中全会提出创新、协调、绿色、开放、共享的新发展理念,高速公路路衍经济全面贯彻新发展理念,是新发展理念在高速公路发展中的集中体现。

一是创新理念。创新是高速公路路衍经济推动高速公路行业高质量发展的强劲动力。富有创新性的路衍经济能够秉持新理念、构筑新格局、构建新体制,是推进高速公路智能化、数字化革新的前提,是转化新技术应用、拓展产业融合的基础,更有助于提升高速公路大数据挖掘技术能力,提高跨部门、跨群体合作共赢的综合效能。

二是协调理念。协调是高速公路路衍经济发展的内在特征。路衍经济涉及与多行业、多公司、多地区合作,例如服务区需要与旅游产业、与当地政府合作,土地开发需要与房地产开发公司合作,ETC智能服务需要与车企、银行合作。同时,必须努力塑造高速公路产业与经济、生态环境相协调的共赢局面。

三是绿色理念。绿色是绿色生态、以人为本和可持续发展的综合体现,是高质量发展的优先选项。路衍经济的最终目的是满足人民对美好生活的需求,实现共同富裕,要求普遍体现绿色生态发展和全民共建共享共治。在高速公路建设和运营过程中,必须应用新技术、新手段、新理念去创造绿色、低碳、循环、可持续的发展方式,将绿色生态效益转化为经济社会效益。

四是开放理念。我国坚定不移实行对外开放,坚持打开国门搞建设,在"一带一路"等重大国际合作项目中打造更全面、更深入、更多元的对外开放格局。路衍经济应紧密结合"一带一路"倡议,通过公铁多式联运等方式,引入国际物流等新兴业务,全面提升高速公路企业的可持续发展水平。

五是共享理念。共享理念的实质就是坚持以人民为中心的发展思想,要让广大人民群众共享改革发展成果。在路衍经济发展过程中,应始终牢记以人民为中心,在"高速公路+物流""高速公路+服务区""高速公路+ETC"等业务的发展中,应始终将用户满意度作为建设的主要标准。

3.2 高速公路路衍经济发展路径

3.2.1 坚持高速公路路衍经济顶层设计

顶层设计是产业发展的引领性指导纲要,对于规范产业正确发展方向、引领产业健康发展均具有重要意义。高速公路路衍经济发展涉及高速公路产业、旅游业、商业、数字产业、文化产业、能源产业等众多产业,各个地区的人文特征、经济特征等均不相同,发展高速公路路衍经济产业是一项较为复杂的系统工程,需要规划先行,做好顶层设计工作。在顶层设计工作中,要体现高速公路路衍经济发展的科学性、整体性、前瞻性,从建立高速公路路衍经济体制机制入手,深入推动高速公路路衍经济的高质量发展。顶层设计要因地制宜,对不同地区的高速公路企业具有指导性、针对性、客观性。同时,顶层设计要围绕社会经济效益提升,重点依托高速公路的基础设施资源、融合产业资料、数字流量资源等内容提出相应的重点发展任务,发展任务要具有系统性、科学性。

3.2.2 开拓高速公路行业与其他产业的深度融合发展

《交通强国建设纲要》指出,要深化交通运输与旅游、物流、先进制造等的融合发展,加速新业态新模式发展、大力发展枢纽经济。单纯依靠传统高速公路行业的收费业务,已经无法维持高速公路行业的可持续运营,需要通过与其他产业融合,发挥"1+1>2"的效能,提升高速公路行业的经济收入水平。通过创新发展重构高速公路路衍经济相应的供应链、产业链和价值链,加强高速公路行业与关联产业链、供应链、服务链和配套资金链、数据链、政策链的相互交织与相互支撑,加快推动高速公路行业与其他产业、社会、生态等领域的深度融合发展。重点包括但不限于通过在服务区融入旅游前端资源、打造精品旅游公路等手段提升与旅游产业的融合度、依托高速公路网络资源实现与现代物流产业融合、依托零碳服务区等新基建实现与双碳产业融合、依托 ETC 增值服务实现与数字产业融合、依托与广告公司合作共赢实现与文化传媒产业融合。

3.2.3　利用现代化数字技术提升高速公路路衍经济发展新动能

以往的交通运输行业的发展主要依赖于大规模的资金投入和土地、劳动力供给,通过实体要素的持续投入推进交通运输行业的跨越式发展。近年来现代化数字技术在交通运输资源优化配置和新旧动能转换中扮演着重要角色,互联网、智能制造等先进数字技术在交通运输领域得到了广泛应用。高速公路路衍经济发展不能仅依靠商业模式,要由传统的资本密集型向技术要素驱动型转变,高速公路路衍经济要朝着数字化、智能化、智慧化方向演进。重点包括依托高速公路人流、车流、货流的大数据信息进行大数据产业开拓,打造智能化高速公路管理运营云平台;依托 ETC 收费拓展 ETC 的金融、停车、洗车、物流等智慧服务;大力发展高速公路智慧新基建。

3.2.4　打造高速公路路衍经济发展品牌效应

随着高速公路路衍经济产业的深入实施,打造高速公路路衍经济品牌、持续强化品牌效应,对推动高速公路行业的进阶产生积极作用。目前,我国着力构建以国内大循环为主体、国内国际双循环相互促进的新发展格局。高速公路路衍经济产业基本以国内消费为主体,与我国经济发展新格局相吻合,在此经济格局下深挖高速公路路衍经济品牌,通过高质量的工程赋予品牌价值,持续提升高速公路路衍经济品牌效应,对于提升高速公路路衍经济用户数量、推动高速公路路衍经济快速发展均有支撑作用。打造高速公路路衍经济品牌,主要包括打造符合地方文化、资源特色的旅游公路,打造旅游、商业、娱乐为一体的综合型服务区,打造路衍经济特色化的数字服务产品。

3.2.5　形成高速公路路衍经济产业发展体系

高速公路路衍经济产业发展围绕高速公路展开,因此高速公路路衍经济业务领域可以分为传统业务、新兴业务。其中,传统业务指加油站等传统能源业务、旅游融合业务、土地开发业务以及广告文化传媒业务,新兴业务指现代物流、新能源、双碳、智慧交通等新时期下的新型产业。

路衍经济的最终目的是提升高速公路行业的经济收入、提升社会效益、达到可持续发展的目的。从经济属性划分，路衍经济业务又与产业经济、绿色经济、区域经济、数字经济等密切相关。

本书提出的高速公路路衍经济的产业体系框架，包含高速公路+传统能源、高速公路+旅游、高速公路+土地开发、高速公路+文化传媒、高速公路+现代物流、高速公路+新能源、高速公路+双碳、高速公路+生态治理、高速公路+乡村振兴、高速公路+ETC增值、高速公路+智慧交通等，见图3-1。

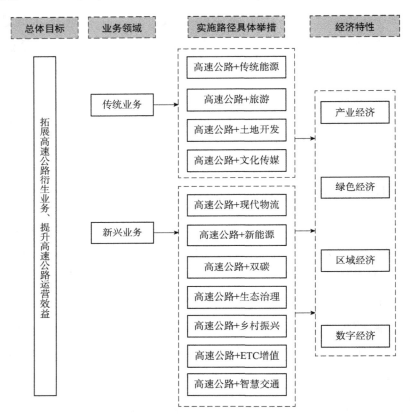

图3-1 高速公路路衍经济产业体系框架

第4章 国内外路衍经济发展经验借鉴

国内高速公路路衍经济实践目前还处于起步和探索阶段,各省份从政府、行业或企业层面开始布局路衍产业、推动路衍经济快速发展。甘肃省制定了路衍经济顶层设计框架,初步形成甘肃路衍经济规划体系,构建了路衍经济体制机制,成立了路衍经济推进机构。湖北省深入实施"1+1+N"发展战略,并成立主体企业经营路衍经济业务。贵州省制定路衍经济高质量发展方案,围绕全域旅游推动交旅融合高质量发展。江苏省成立专业公司推动路衍经济业务发展,创新"高速公路+旅游"业务,打造"江苏模式"服务区。浙江省成立专业公司全方位布局路衍经济业务,并提出了构建"四大业务板块+两大平台"的产业布局。我国各省发展经验为高速公路拓展路衍经济业务提供了良好的借鉴作用。

4.1 国内路衍经济发展经验

4.1.1 甘肃省路衍经济发展经验

4.1.1.1 典型做法

1) 制定路衍经济顶层设计框架

从甘肃省政府到甘肃省交通运输厅,再到相关企业层面,都十分重视路衍经济发展工作。省政府层面,成立由省级领导任组长的工作小组,建立协同联动机制,定期召开联席会议,为路衍经济"问诊把脉、保驾护航";行业层面,甘肃省交通运输厅主动承担行业责任,成立路衍经济推进领导小组,编制了《甘肃省"十四五"交通运输发展路衍经济专项规划》;企业层面,甘肃省公路交通建设集团有限公司设立路衍经济部,成立了路衍经济产业研究院,开展了路衍经济发展理论研究和实践探索,推动路衍经济实践发展。

2)初步形成甘肃路衍经济政策体系

省政府层面:路衍经济被写入甘肃省"十四五"规划纲要,提出打造千亿级路衍经济产业集群,指出要"推动交通运输与文化旅游、现代农业、工业园区、现代物流等关联产业深度融合,发展临空经济、枢纽经济,打造路衍经济产业链";《甘肃省"十四五"综合交通运输体系发展规划》确定了甘肃交通"十四五"时期六大发展目标,描绘了综合交通运输体系宏伟蓝图,路衍经济被确定为推动交通运输跨域融合发展和支撑交通经济强劲发展的重要方式。路衍经济正式进入甘肃省级战略体系,成为"产业兴省"的重要载体。

行业主管部门层面:甘肃省国有资产监督管理委员会立足国资体系,组织编制了《甘肃省属企业发展路衍及临空经济专项规划》,将路衍经济作为推动国有经济布局优化和结构调整的重要抓手强力推进;《甘肃省"十四五"综合交通运输体系发展规划》将路衍经济与枢纽经济、高铁经济、通道经济一并作为提升交通运输发展质量和综合效益的"四个经济"进行部署;编制了《甘肃省"十四五"交通运输发展路衍经济专项规划》,按照"行业支持企业、企业发展产业、产业支撑行业"的思路,将交通基础设施建设与关联产业同步谋划,把公路交通优势与区域发展需求紧密结合,全力构建交通与产业融合互动发展的工作格局,与国资体系共同形成了发展路衍经济的"双推手"。

3)初步构建路衍经济理论体系

2019年以来,甘肃交通企业先行先试、交通行业和国资系统大力推动、省委和省政府高度重视,路衍经济的理论创新、发展环境优化、项目开展等方面都发生了显著变化。理论创新方面,从局部、碎片逐步形成体系架构。2019年5月,率先提出聚焦"三大维度"、围绕"六大方向"发展路衍经济的产业构想,并开启"边研究、边实践、边总结"的探索模式。2020年,成立了甘肃路衍经济产业研究院,构建起了路衍经济智库平台,形成了《甘肃路衍经济发展思路研究报告》,系统性提出了路衍经济的基本概念、内涵要义、价值逻辑、主要特征,并将产业方向扩充为"八大方向",初步探索建立了包含"八个新"的路衍经济产业架构,主要内容是:以旅游公路、旅游风景道建设为抓手,挖掘交通+旅游"新潜能";依托公路出入口及其毗邻区,打造通道物流"新高地";围绕交通基础设施建设及公路运营网络,推进充电桩、光伏发电、加油(气)站等能源网络布局,拓展沥青和砂石产业规模,建立能源建材"新体系";立足服务区服务职能,丰富特色经营项目,拓展"服务区+""新业态";紧密对接"新基建",推动新型数字交通基础设施建设,把握智慧交通"新方向";建设交通设施、钢桥制造、预制构件等产业园区,构建交通装备制造"新链条";推进交通运输与乡村产业融合发展,助力乡村振兴"新战略";同步实现普惠医养、交通传媒、公路管廊等其他路衍经济产业"新突破"。

4) 建立三大机制保障措施

一是建立协同推进机制。路衍经济涉及交通、发展改革、国资、文化旅游、自然资源等多个部门,甘肃研究制定了包括"一位主管领导、一套支持政策、一个行动计划"在内的组合措施,领导小组及时解决路衍经济发展过程中存在的"卡脖子"问题,推动重点项目、主要工程有效落地、快速实施。

二是建立捆绑开发机制。一方面,研究编制"路衍经济项目编制导则"和"路衍经济收益计入准则",在前期研究阶段将路衍经济与公路项目的立项、融资、建设、运营等衔接起来,从源头上建立公路项目与路衍经济项目的捆绑开发机制。"路衍经济项目编制导则"重点解决公路项目可行性研究报告中路衍经济专篇编什么、如何编的问题。"路衍经济收益计入准则"重点解决路衍经济项目收益计什么、如何计的问题,进而解决社会资本引入和金融机构信贷支持问题,为"公路+路衍经济"项目提供决策依据。另一方面,支持政府按照"公益性项目、市场化运作"理念,将县域内普通省道、旅游公路及农村公路建设养护工程等项目集中打捆,通过"建养一体化"等模式,与政府出资或引导建设的公路服务设施(加油站、加气站、充电站)等优质资源共同开发,用于解决项目建养资金不足问题。同时,积极鼓励有条件的市县将公路建设与产业发展、园区建设、乡村旅游、矿产资源等捆绑一体化发展。

三是建立地企联动机制。地企优势互补、资源共享、联动发展是打造路衍经济产业集群的重要前提。持续推动交通企业与地方政府建立互惠互利的地企战略合作关系,充分结合地方政府的资源优势和企业的资本优势,引导地方政府拿出资源,鼓励企业拿下资源,建立良性互动发展机制,实现地企经济高质量发展。

5) 推动甘肃交通高质量发展

通过实施"六大工程",积极探索"交通+",在实践中助推甘肃交通高质量发展。

一是"交通+资源"，实施高速公路拓展工程。 加快高速公路"开口子"，通过新增高速公路出入口，推进全省县域内重点乡镇、产业园区、旅游景区等重要节点便捷上高速，带动沿线商贸物流、旅游客流、资源开发等经济活动，实现资源共享、产业互补、协调发展。

二是"交通+产业链"，实施招商引资提速工程。 围绕打造千亿级路衍经济产业链，从"建链、补链、延链、强链"需求出发，全面实施招商引资提速工程。优化营商环境，按照"非禁即入"的原则，创造条件吸引国有企业和民间资本依法合规参与路衍项目投资、建设、运营和维护。构建招商网络，积极探索招商引资数据资源云端共享，开展路衍经济网上洽谈、线上招商。

三是"交通+智能"，实施智慧交通赋能工程。 抢抓数字时代机遇，坚持创新引领，着力推进交通运输向数字化、智能化、网联化转型。建设融合高效的智慧交通"新设施"，推动环兰州智慧路网建设工程、"5G+智慧公路"等一批智慧公路项目落地，基础设施智能化、数字化取得突破。

四是"交通+能源"，实施"双碳"目标助力工程。 "十四五"时期，推进充电桩布点联网，按照《甘肃省交通运输行业新能源汽车充电基础设施布局规划（2021—2025年）》，建设高速公路服务区充电桩240余座、普通国省干线公路服务区充电桩20多座、二级以上客运站充电桩100余座，打造新能源充电汽车全面友好服务体系。

五是"交通+乡村振兴"，实施乡村振兴服务工程。 乡村振兴，交通先行。立足乡村旅游、历史文化、特色经济发展等资源优势，推进"农村公路+乡村旅游"和"农村公路+现代农业"融合发展。

六是"交通+旅游"，实施交旅融合突破工程。 加强交通基础设施对旅游发展的支撑，加快构筑综合旅游交通网络。

4.1.1.2 典型案例

1）案例一："交响丝路1号线"交旅融合项目

积极落实甘肃省委、省政府重要决策部署，围绕大敦煌文化旅游经济圈，策划了"交响丝路1号线"交旅融合项目（图4-1）。该项目通过实施榆林窟至悬泉置旅游公路、双石公路二期、G312线七瓜—双石公路交旅融合、锁阳城遗址国家考古公园等重点工程，着力打造"两点一线一环"旅游大环线，将西部地区两个世界文化遗产点（悬泉置、锁阳城）、一个国家级文物保护单位（榆林窟）有机串联,对打造大敦煌文化旅游经济圈一小时快速通道,激活敦煌东线旅游,助推甘肃酒泉地区经济发展具有重要意义。甘肃省公路交通建设集团有限公司拟定锁阳城遗址国家考古公园项目实施方案,前期工作有序推进。其中,G3011 柳格高速公路悬泉置"开口子"项目、榆林窟至悬泉置旅游公路项目于 2022 年 10 月开工建设,这两个项目是大敦煌文化旅游经济圈"交响丝路 1 号线"的重要子项目。G3011 柳格高速公路悬泉置"开口子"项目对既有 G3011 柳格高速公路甜水井停车区进行改扩建,并与在建悬泉置遗址景区交旅融合综合体统筹考虑,与规划榆悬路连接,总投资 6240 万元。榆林窟至悬泉置旅游公路项目以"资源换资金"的地企合作联建模式实施建设,总投资约 4.34 亿元。项目起点位于蘑菇台与 S239 线平面交叉处,途经东巴兔、牛尾巴山,出旱峡与悬泉置交旅融合综合体及悬泉置"开口子"道路相接。路线全长 74.3 公里,全线采用二级旅游公路技术标准建设,路基宽度 8.5 米。两个项目的实施,将串联世界文化遗产悬泉置遗址和国家重点文物保护单位榆林窟,有效连接大敦煌文化旅游经济圈东线景群,形成"交响丝路 1 号线"的全域旅游网络构架。

图 4-1 甘肃"交响丝路 1 号线"项目在甘青旅游大环线中的位置

2) 案例二:甘肃天水国际陆港共享服务区

甘肃天水国际陆港服务区(卦台山共享服务区)同时服务天平高速公路和麦甘二级公路,是甘肃省首例在服务区配建高速公路出入口的共享型服务区。甘肃天水国际陆港服务区位于天水市麦积区中滩镇演营村,占地 300 亩,总建筑面积 6877 平方米。天平高速公路在甘肃天水国际陆港服务区的南北两区中间横穿而过,南区的北侧是天平高速公路,南侧是麦甘二级公路,服务区配套建有高速公路出入口,可以实现天平高速公路和麦甘二级公路互通(图4-2)。

图4-2　甘肃天水国际陆港共享服务区效果图

通过在服务区"开后门"的形式,使"封闭"的高速公路多点"开放",在保障基本服务功能的基础上,充分发挥高速公路服务区窗口平台优势,推进休闲购物、农特产品集散与服务区融合发展,推动路域内城乡资源共享、产业互补、协调发展。

3)案例三:"5G+智慧公路"示范项目

该项目与G312线清水至傅家窑公路一并建设实施。项目主要从五个方面着手打造甘肃省第一条智慧公路示范样板。

一是建设路段数字化基础设施平台。建设高精地图及三维实景地图,对全线各类设施进行数字化管理及展示;建设覆盖桥梁、边坡等重点路段的结构检测系统;建设由视频、雷达等组成的交通状况检测系统;建设由气象检测、能见度检测、路面状况检测设备组成的环境检测系统;建设机电设备运行状态检测系统。

二是融合多元通信网络,实现"5G+智慧公路"应用。建设多元通信网络,并利用5G大带宽、低延时的特点,实现车路协同数据传输、5G+无人机巡检、基于5G的智慧养护等。

三是建设智慧公路智慧大脑。搭建路段智慧大脑,以"公有云+私有云"的方式组建,具备大数据分析处理功能,为智慧公路各项应用提供数据服务。

四是建设智慧服务应用体系。面向"公众、运营、养护"三方提供智慧服务应用,包括:高精地图、数字孪生、准全天候通行、伴随式信息服务、车道级管控、重点营运车辆运行监测、智慧服务区、智慧隧道、智慧养护等。

五是开展车路协同场景测试。利用数字化平台及外场全息感知网络,进行基于 C-V2X 的车路协同测试。同时研究货车编队行驶、班线车辆、特定车辆车路协同、安全预警等场景应用。

4.1.2 湖北省路衍经济发展经验

4.1.2.1 典型做法

1) 实施路衍经济"1+1+N"发展战略

湖北交通投资集团有限公司深入实施"1+1+N"发展战略，即坚持以能源和商业(1+1)板块为核心，同时发展服务区传统产业、传媒和"服务区+"等"N"个产业。

2) 成立主体企业经营路衍经济业务

湖北交通投资集团有限公司成立湖北交投实业发展有限公司，负责全省110余对政府还贷高速公路服务区(停车区)经营管理和沿线广告业务的经营开发等，是涵盖服务区、传媒、能源等多元化业务的产业集团。公司下设能源、商业、服务区三个事业部，下属分公司 21 家、子公司 13 家。其中，湖北交投商业投资有限公司负责服务区商超商品配货采购配送，湖北交投文化传媒有限公司负责广告传媒业务。

3) 打造"全省最大商业供应链平台"

湖北交投商业投资有限公司是湖北交投商业项目的投资运营主体，主要经营范围覆盖连锁零售、代理批发、现代农业、现代物流、食品加工、电子商务等多个产业领域，是湖北省内极具影响力的区域性商贸流通企业。湖北交投商业投资有限公司以打造"全省最大商业供应链平台"为愿景，立足路内外网点和平台优势，依托资本运作，目的是实现湖北省区域性连锁零售企业的系统整合，构建全域供应链体系。同时，湖北交投实业发展有限公司通过和"货车帮"签订合作协议，由"货车帮"网络平台协助网上引流驾乘人员进入该公司所属加油站、物流站所。

4) 探索路衍经济新模式

"高速公路+能源"新模式。湖北交投实业发展有限公司同步推动传统能源和新能源，发展高速公路服务区新能源零售终端与光伏发电业务。在传统能源方面，依托高速公路服务区，以自营、合资等形式规划建设加油站，并根据零售需求衍生出成品油贸易与仓储业务，建立起相对完善的传统能源产业链条。在新能源方面，建设综合能源补给站，提供液化天然气加注、电动汽车充电、电动汽车换电等多种清洁能源供应服务，推动清洁能源发展。光伏发电以高速公路网为依托，采用"自发自用、余电上网"建设模式，充分利用沿线服务区、收费站屋顶和隧道出入口中央隔离带空地，积极开发高速公路分布式光伏发电项目。在与能源公司合作模式基础上，湖北交通投资集团有限公司根据合作双方诉求，与多家能源公司采用股权合作、参股合作、资产合作、业务合作等模式开展合作。

"高速公路+传媒"新举措。成立湖北交投文化传媒有限公司，围绕"打造湖北高速公路全媒体服务商"的定位，在管理制度和经营举措上提出创新思路，并根据不同路段的车流量大小及广告牌历史销售情况将媒体分为成熟路段广告牌和培育路段广告牌，分类施策。针对成熟路段广告经营，出台了《大客户管理办法（修订）》，根据采购合同额、回款额等对广告代理进行排名，将排名前六的广告代理公司定位为大客户，按照排名给予不同力度的优惠，大客户回款率达100%，整体回款达到80%。针对客户属地性强、规模小的特点，出台了《广告招商管理细则》，明确采取广告流动发布、建管一体化、片区代理及零散销售等经营模式，提高了片区经营者的积极性。为解决客户投资投放意愿不强烈的难题，出台了《销售提成管理办法（试行）》，提高了营销队伍的工作积极性和主观能动性，培育路段的新签合同额较以往实现了成倍增长。

4.1.2.2 典型案例

1）案例一：实施"服务区+互联网"模式

湖北交投实业发展有限公司依靠"让信息多跑路、让人少跑路"的思路，投入5000多万元，构建了集运营管理、视频监控、数据采集、应急指挥为一体的综合信息化管理平台和云数据中心，实现了现场态势、经营业态、员工管理、工作流程监控和覆盖，实现人车流量、销售数据、现场环境、商品信息等数据自动采集分析，实现现场监控、标准化管理、收银稽查、驾乘投诉、突发事件等功能，开发了网页、手机App、微信小程序等多个终端场景应用，实现了"指尖上的管理"。

2）案例二：打造"时尚服务区"——钟岗服务区

钟岗服务区是一个占地约70亩的大型综合性服务区，建筑风格充满现代感，搭配流光溢彩的灯光，散发出简洁时尚的气息。这里设施齐全，拥有"五星级"洗手间、步进式冷热直饮机、温馨舒适的母婴室、先进的自动冲水设备、冬季暖水洗手台和 24 小时热水供应的私密淋浴间,可满足不同的需求。食在钟岗,服务区内有特色美食一条街,汇聚了绝味鸭脖、襄阳牛杂面、丰俭由己任挑选的小碗菜,还有知名品牌汉堡王;品在钟岗,太平洋咖啡为旅途注入一丝静谧和温馨;玩在钟岗,有趣意盎然的室内儿童乐园,体验潮流前沿的科技馆;购在钟岗,24 小时营业的楚天舒便利店,同城同价让驾乘人员享受到低价实惠的优质商品。

4.1.3 贵州省路衍经济发展经验

4.1.3.1 典型做法

1) 制定路衍经济高质量发展方案

贵州省交通运输厅与企业联动,着手打造路衍经济和枢纽经济,制定《关于深化"五项融合"打造"两大经济"助推交通运输高质量发展的实施方案》,以"桥旅融合""路旅融合""航旅融合""交产融合""交邮融合"为抓手,积极推进路衍经济和枢纽经济,盘活交通基础设施存量资产,挖掘交通基础设施消费潜能,明确责任单位和考核主体,打造商业模式和数字化应用场景。

2) 围绕全域旅游推动交旅融合高质量发展

贵州省交通运输厅出台了《关于贯彻落实〈中共贵州省委 贵州省人民政府关于推动旅游业高质量发展加快旅游产业化建设多彩贵州旅游强省的意见〉的实施方案》,不断优化交通网络布局,完善交通配套设施,提升大型枢纽集散功能,丰富交通旅游产品供给,增强旅游交通服务能力,打造桥旅、路旅、航旅融合和新型服务区示范(试点)工程,构建功能完善、特色鲜明、服务优良的交通与旅游融合发展体系,并成功打造了坝陵河贵州桥梁科技馆,推动了"中国温泉省""山地索道省""红色文化旅游带""世界名酒文化旅游带""国际天文科普旅游带"等创建工作。

3) 提出服务区融合发展新模式

2021 年 5 月贵州省交通运输厅印发《关于进一步加强我省高速公路服务区建设大力发展路衍经济、提升服务品质有关工作的通知》(黔交建设〔2021〕33号),明确指出坚持交通运输事业与交通产业发展"两条腿"走路的思想,着力构建一批"布局合理、彰显特色、互通互联、生态环保、人民满意"的高品质多样化现代服务区,超越传统服务区与高速公路的固有搭配,实现公路与周边产业及环境"跨界融合、赋能发展"的新局面。

4.1.3.2 典型案例

1) 案例一：西江"线外"服务区

西江服务区是凯雷高速公路的重大公益性配套项目，位于贵州省黔东南州雷山县凯雷高速公路西江连接线起点处，距离西江千户苗寨景区北大门约5公里，距西大门约0.4公里，占地面积173.5亩，于2019年5月正式运营。该服务区是交旅融合及文化融合的新型服务区，属于高速公路"线外"服务区(图4-3)。西江服务区凭借贵州西南西江苗寨的区位优势、自然资源优势、传统文化和民族民间文化优势，以高速服务区为设计本底，以苗侗文化为服务区内涵，以勒口坡谷地为空间设计，以青年旅行生活为引领，打造成为集帐篷露营、房车营地、木屋营地、集装箱聚落、休闲游乐、户外运动、特色餐饮等多功能于一体的野奢营地综合体，极大地促进了当地旅游业的发展。

图 4-3 西江"线外"服务区实景图

2) 案例二："桥旅融合"——坝陵河大桥、天空之桥服务区

近年来，贵州围绕"四新"抓"四化"，充分发挥省内世界级桥梁众多的优势，积极探索"桥旅融合"。

截至2022年，坝陵河大桥是跨径国内第一、世界第六的大跨径钢桁梁悬索桥。2013年，坝陵河大桥修建了观光电梯，通过举办世界低空跳伞大赛等方式开发旅游经济。2019年1月12日，坝陵河大桥蹦极吉尼斯世界纪录认证成功，成为全世界最高的商业蹦极设施，旅游价值进一步提升。

天空之桥服务区(图4-4、图4-5)是平塘至罗甸高速公路上的重点项目，与世界级桥梁——平塘特大桥近在咫尺,是交通运输部"桥旅融合"示范项目。该项目凭借得天独厚的地理优势、绿色环保的建设理念、独具创意的星际时空主题、丰富多样的文旅业态,是贵州省唯一一个被交通运输部列为"交通强国"建设试点中交旅融合发展的示范服务区项目。此外,天空之桥服务区离举世瞩目的中国天眼(FAST)仅一小时车程,与当地著名的天坑、天书、天眼相连,形成独有的四大"天字奇观"。

图 4-4　游客在天空之桥服务区游览

图 4-5　天空之桥服务区夜景

4.1.4　江苏省路衍经济发展经验

4.1.4.1　典型做法

1)成立专业公司推动路衍经济业务发展

2000 年,江苏省国有资产监督管理委员会成立江苏交通控股有限公司(以下简称"江苏交控"),作为交通基础设施建设项目省级投融资平台。江苏交控积极发展路衍经济,已形成"交通+能源""交通+旅游""交通+文化传媒"三大业务,并针对这些业务分别成立了江苏高速公路石油发展有限公司、江苏云杉清洁能源投资控股有限公司、江苏交控数字交通研究院有限公司、江苏交通文化传媒有限公司等子公司。

2) 大力拓展"高速公路+能源"业务

江苏云杉清洁能源投资控股有限公司是江苏交控下属的全资企业,于2016年11月注册成立。公司着眼清洁能源产业的规模化发展,创新开拓"高速路网+光伏应用"实践新模式,全面推进江苏省清洁能源高速路网系统建设。公司成立以来,大力推进高速公路互通区清洁能源建设,已先后在交通光伏、市场化光伏以及风力发电方面取得了不同程度的进展,投资、建设、运营了一批质效领先的光伏、风电电站,实现资源综合利用与节能减排、经济效益与社会效益相统一,为可持续的交通清洁能源新产业格局做出了贡献。

3) 创新"高速公路+旅游"业务,打造"江苏模式"服务区

近年来,江苏交控按照江苏省委、省政府"交通强国先行区"建设总体部署,紧紧围绕"快行慢享"服务理念,以人、车、路、环境为核心,持续推进服务区转型升级和商业模式创新,致力于打造一批在世界有知名度、在全国有地位、在江苏有影响的服务区。江苏宁沪高速公路股份有限公司(江苏交控子公司)以"3+3"经营模式(即在全线6对服务区采用两种经营模式,梅村、仙人山、黄栗墅服务区实行经营权外包,阳澄湖、芳茂山、窦庄服务区进行自主改造)为依托,全面开启服务区经营模式的转型升级,打造了一批"网红"服务区,更好地满足社会公众多样化、品质化、美好化出行需求。

4) 拓展"高速公路+文化传媒"新兴业务增长点

江苏交通文化传媒有限公司(江苏交控、江苏新华报业传媒集团有限公司组建),经授权统一经营开发江苏交控所辖高速公路广告资源,是江苏交通系统内唯一的广告经营开发责任主体。江苏交通文化传媒有限公司立足广告经营主业,创新产业模式,逐步构建"广告主业突出、多元协调发展"的经营格局,充分利用江苏交控品牌和资源优势,拓展"高速公路+文化传媒"的路衍经济新兴业务增长点,在文化、旅游、影视、会展、体育、新媒体等多个领域寻求发展。

4.1.4.2 典型案例

1)案例一:"商业综合体"——苏通大桥服务区

苏通大桥服务区位于沈海高速1193公里处、长江北岸的南通经济技术开发区境内,2008年5月开始为往来车辆和驾乘人员提供服务。2015年,苏通大桥服务区紧紧围绕江苏交控"双提升"的总体要求,以提供大流量下的高品质服务为定位,积极引进肯德基、星巴克等国际知名品牌,同时把传统餐厅打造成美食广场。创造了"品牌+招商+监管"管理模式,实现了由传统交通功能性服务向社会化小型商业综合体服务的转型,为全系统服务区转型升级提供可复制、可推广的示范样板,成为江苏交控服务区转型升级的引领者。2020年,苏通大桥服务区营收在江苏省排名第三。其中,10家品牌店铺营收贡献占比为84%,租金贡献近九成。

2)案例二:"园林式服务区"——阳澄湖服务区

阳澄湖服务区(图4-6)位于江苏省苏州市境内,是江苏宁沪高速公路股份有限公司管辖的高速公路服务驿站,也是北京—上海高速公路(国家高速G2)与上海—成都高速公路(国家高速G42)重合路段的重要节点。阳澄湖服务区基于"交通+旅游""交通+文化"发展理念,整体以"梦里水乡,诗画江南"为设计理念,以苏州"一街三园"为特色,依照园林典籍《长物志》《园冶》的记载,借鉴留园、拙政园、狮子林的特色内涵,建有涵碧、荷风、木樨、修竹四座迷你园林,以传达苏州园林韵味;建有景观河道穿过服务区主楼,在河道两侧铺设枕水古街,并购置江南百年古桥架设于河道之上;外部大型水景、白墙黛瓦的人字坡天际线以及宅前屋后的乔木灌木,整体构成了中国水乡的"梦境",实现了"不入苏州城,尽览姑苏景"的效果。2019年11月,以"全国第一、国际领先"为目标,以"梦里水乡、诗画江南"为设计理念,以"一街三园"为特色,全新打造的阳澄湖主题服务区被中国公路学会授予"最美园林文化服务区"称号。阳澄湖服务区主楼整体采用苏州园林风格,外立面采用吴冠中大师水乡水墨画的风格,突破了传统的苏式建筑布局,融入江南民居元素,实现古典与现代的融合。"十三五"期间,阳澄湖服务区变身苏州园林风格后,日均营收增长了90%。阳澄湖服务区是江苏宁沪高速公路股份有限公司服务区转型升级、高质量发展的代表作之一,是江苏交控"交通+旅游""交通+文化"发展理念的成功典范,从一定意义上来说,也是我国服务区发展的一个样板,代表了我国服务区发展的新高度和新方向。

图 4-6　以苏州园林为主题的阳澄湖服务区

4.1.5　浙江省路衍经济发展经验

4.1.5.1　典型做法

1)成立专业公司全方位布局路衍经济业务

依托浙江省交通投资集团有限公司,成立了浙江省交通投资集团实业发展有限公司(简称"浙江交投实业")。浙江交投实业注册资本 3.45 亿,将高速公路路衍经济开发作为经营主业,经营范围覆盖综合交通(高速公路服务区、铁路场站等)商业服务与经营、能源业务、资讯传媒、商业贸易等。浙江交投实业下辖浙江交投新能源投资有限公司、浙江高速商贸经营管理有限公司、浙江高速投资发展有限公司 3 个全资子公司,浙江高速石油发展有限公司、浙江高速广告有限责任公司 2 个控股子公司,以及四川蜀越驿网商业有限公司 1 个参股公司,是浙江省规模最大、综合实力最强的国有大型综合交通商业服务平台运营企业。

2)搭建"4+2"路衍经济产业布局

浙江交投实业搭建"4+2"(四大板块和两大平台)产业布局,即构建以服务区经营为主业、以能源运营为核心业务、以资讯传媒和商旅服务为培育产业的四大业务板块;搭建产业投资平台和信息数据支持两大平台。

3)构建"1+N+X"全新商业模式

浙江交投实业构建"1 家运营商+N 家主力店+X 家特色店"的服务区运营平

台新型商业模式,其中"1家运营商"是指公司整体负责服务区网络平台的开发运营,"N家主力店"是指服务区经营网络中包含若干家主打品牌,"X家特色店"是指服务区经营网络中包含若干家特色品牌或特色经营项目。经过多年的创新与发展,浙江交投实业除了自创"高速驿网"、餐饮"驿佰味"、零售"驿佰购"、商务酒店"驿佰居"、土特产"驿佰汇"品牌外,还引进了肯德基、麦当劳、星巴克、上岛咖啡、新秀丽、台绣、五芳斋粽子等众多特色经营品牌,在高速服务区开创性地构建了"1+N+X"全新商业模式。

4) 打造"高速驿网"服务区品牌

结合行业特性及未来发展趋势,浙江交投实业提出母子架构的服务区品牌建设发展思路,将"高速驿网"作为服务区运营平台的主商号、主品牌,旗下餐饮"驿佰味"、商超"驿佰购"、酒店"驿佰居"作为系列子品牌,形成纵向专业化品牌连锁经营的格局。目前,公司旗下品牌已在申请"浙江省著名商标"称号,"高速驿网"及"驿佰购"等品牌被评为全国服务区行业十佳品牌,具有较好的市场美誉度和行业知名度。

4.1.5.2 典型案例

1) 案例一:政企合力推动智慧服务区建设——以苍南服务区为例

2021年5月,浙江省交通运输厅印发了《2021年全省交通公共场所服务数字化提升行动方案》,明确2021年将重点实施全省高速公路服务区数字化改造,年内初步建成智慧服务区综合管理系统,完成包括苍南服务区等在内的5个智慧高速公路服务区建设试点。下面以苍南服务区为例进行说明。

苍南服务区位于G15沈海高速公路K1814+500处,北距温州60公里,是浙江省最南端的省界高速公路服务区,素有"浙江南大门"之称。苍南服务区隶属于浙江温州甬台温高速公路有限公司,是G15沈海高速公路的重要配套项目,是一家集停车、休息、就餐、购物、如厕、加油、加水、充电、汽车维修等多功能服务项目于一体的全方位综合性服务区。

2020年10月,在经过一年多时间的改造提升后重新对外运营,苍南服务区成为温州首家商业综合体型高速公路服务区。改造后,服务区总建筑面积由原来的5645平方米增加到11980平方米,全区采用增强现实(AR)智慧园区综合管理平台,运用互联网、物联网、云计算等智慧手段实现服务区环境、经营数据实时监测,智能化水平大幅度提升;是首家引进华为5G智能科技体验馆的服务区,专门设置了虚拟现实(VR)体验室供驾乘人员体验;"智慧路况信息"有效加强了服务区广场车辆规范停靠管理;总厕位达240个的智能生态公共卫生间可在客流高峰时段根据实时情况切换男女厕位,实现人机数据即时交互,卫生间内设有厕位快速引导标识,第三卫生间、母婴室等设施功能也一应俱全;设置"司乘之家"休息室,休息室联通停车场的监控,让驾驶人既安心又舒心;"夜间切换模式"灵活满足不同时段客货车的停放需求。作为浙江省领先的智慧型品牌服务区,该服务区采用全景智能AR监控和智能化信息查询系统(图4-7),可随时掌握整个服务区情况,确保全区无监控盲点。苍南服务区已成为温州人家门口的"网红打卡点"与"城市会客厅"。

图 4-7　苍南服务区信息查询系统

2)案例二:线上服务区连锁品牌——"高速驿网"

"高速驿网"是浙江交投实业旗下覆盖30对服务区的连锁品牌。"高速驿网"坚持"快旅途,慢生活"的品牌主张,倡导一种全新的慢生活高速行车理念,为过往驾乘人员提供休息、就餐、购物、汽修、加油、休闲等一站式服务。"高速驿网"旗下现有餐饮品牌"驿佰味"、零售品牌"驿佰购"。在建设自身品牌的同时,高速驿网还引进了麦当劳、南仁湖水族馆、菊韵人家、五芳斋、唯新小吃、王大妈麦饼、邵永丰麻饼、新秀丽等众多知名品牌,力求满足消费者的多样化需求。"高速驿网"不仅注重经济效益,而且关注社会效益:为过往驾乘人员免费提供母婴休息区、室内外休息区、冲凉室、信息查询、应急药品等公共服务,还全面推出"96222"服务热线,为驾乘人员提供咨询、投诉、订餐、购物等高速行车途中的便捷服务。"高速驿网"品牌拥有公众号、小程序、App,可以定制旅游产品、购买商品等,具体操作界面如图4-8所示。

图 4-8 "高速驿网"品牌公众号中的旅游定制与商品购买界面

4.2 国外路衍经济实践

国外高速公路政策及建设资金来源与国内有较大差别,相较于国内高速公路路衍经济的多元化发展,国外高速公路路衍经济发展模式较为单一。下面以欧美、日本等发达国家为例来介绍国外在路衍经济上的典型做法。

4.2.1 欧美路衍经济发展经验

1) 美国做法

美国高速公路的管理体制属地方分权式,高速公路由联邦各州公路局负责规划、设计、修建,投资以地方政府为主,比例高达 77.4%,绝大部分路段和桥梁免费通行,各州负责养护和管理。美国在路衍经济方面的典型做法主要体现在交旅融合、"交通+智慧"、商业开发三个方面。

实施交旅融合发展模式。休息区是美国高速公路的一大组成部分。美国发展交旅融合的方式之一是依托具备旅游价值的景点并在其周围修建高速公路休息区,以及观景台、野钓场地、宠物公园等配套设施。在休息区中提供旅行信息手册是美国促进交旅融合的另一种方式,手册中通常会着重介绍某地区具备旅游价值的自然景点,并提供配套的交通路线图。

推行"高速公路+智慧"发展模式。美国高速公路建设运营过程中,大数据技术主要有四个应用方向。一是资产管理,政府通过大数据技术对现有高速公路资产进行管理。二是交通管控,通过大数据技术对高速公路交通流进行实时监控与分析。三是基础设施病害检测,由个人用户拍摄、上传高速公路病害照片,通过大数据技术确定病害所在位置并及时修复。四是物流及供应链资产管理。在高速公路服务区场景,大数据的另一个用处是以个人为中心,协助定制基于个人倾向与喜好的定制化销售策略。通过对个人数据进行收集和分析,针对不同个体采取不同的销售策略,从而进一步刺激旅客在高速公路服务区消费。

打造商场式服务区。大多以平价商品为主推对象,并针对当地居民的消费偏好与倾向来调整销售商品的种类。例如,2009 年,康涅狄格州政府出售了该州所有 23 个服务区截止到 2044 年的特许经营权,中标方花了 1.5 亿美元对 23 个服务区进行了重新设计、装修翻新和招租,其中 Darien 服务区有一座提供快餐饮食、洗手间、免费 Wi-Fi 等设施的服务中心建筑,还设有停车场、加油站、特斯拉超级充电桩。

2)英国做法

英国高速公路实行中央财政制,不设立专门的高速公路基金,即高速公路的建设养护资金来自国家财政,而没有法定的专门定向(如燃油税等)资金来源,完全依靠国家投资兴建,其高速公路建设费用包含在政府的总预算中,由英国议会批准后实施,因此英国几乎所有的高速公路服务区都归英国运输部所有,并以 50 年的租期出租给私营运营公司。英国高速公路服务区一般设有快餐店、餐厅、小型食品店、咖啡店和汽车旅馆等设施,加油站也较为常见。

3)德国做法

德国高速公路一般由政府负责建设和养护,高速公路建设项目作为政府采购项目公开招标,国内外企业可参加投标。高速公路资金来源十分广泛,主要有预算资金、统一专项资金、高速公路收费、经济刺激方案专项资金以及欧盟扶持资金等。主要运营模式为"以税养路",路衍经济发展并不理想,近年也没有明显的经济增长点出现。德国高速公路服务区数量较少,运营模式单一,且趋向于非营利性质。

4.2.2 日本路衍经济发展经验

日本高速公路建设运营模式与中国类似,自 2005 年起日本实施道路公团民营化,4 个道路公团变为 6 个株式会社,经营效益成为重点发展目标,通过打造特色化、主题化服务区,高速公路的服务质量和经济效益明显提升。至 2019 年底,日本高速公路总里程为 10386.2 公里,高速公路路网密度为 281 公里/万平方公里,共建设服务区 904 个,含停车区 657 个。日本服务区可分为五大类:

一是"景点式"服务区。其景观设计人性化、精细化,令人流连忘返。如鬼平江户处服务区把日本著名历史小说《鬼平犯科帐》搬进现实,东日本高速公路公司还采纳民俗专家的意见,对建筑物进行做旧处理。作为日本乐器之乡的滨松,服务区整体设计以音乐为主题,除了综合楼建筑外观类似钢琴键盘外,还有随处可见的音乐符号,室内的吊顶、铺地和家具以及室外的雕塑、座椅和瞭望亭等设施,都与建筑的主题风格相统一。

二是"综合体开发"服务区。近年来日本高速公路服务区(图 4-9)在注重服务功能齐全和内外环境融合的基础上,更将商业设施、儿童游乐园、公园温泉设施、资料馆等各种辅助功能设施融入服务区,服务区除提供餐饮、购物、休息等基本服务外,还为驾乘人员提供快餐、淋浴、洗衣和按摩椅等服务。此外,还有钢琴展示及演奏室、交通及旅游信息查询处、宠物休闲区、儿童娱乐区、直升机停机坪等功能设施,服务区配套更加完善,已形成商业综合体。

图 4-9 日本高速公路服务区

三是"品牌化"服务区。针对服务区所在地区的经济社会发展阶段、所在场地周边的资源特征、所处路段的交通流量,高速公路公司进行了面向不同受众的服务区品牌规划。规划将服务区分为三个品牌,分别为"B 品牌"(B 为 Basic,即基本区域)、"A 品牌"(A 为 Advanced,即进阶区域)和"S 品牌"(S 为 Special,即特殊区域)。B 品牌追求更便捷、可靠的使用体验以及更加实惠的价格。A 品牌展现了服务区从"因为使用而使用的设施"到"愿意使用的设施"和"吸引人的商业设施"的进阶。S 品牌以体现地方风情、产业资源的特殊主题、特殊空间为特点,这类服务区致力于成为旅行目的地和区域振兴的核心。

四是"属地化"服务区。 少子化和城市化对日本地方经济造成了严重的负面影响,乡村普遍存在劳动力短缺、土地弃耕、地方企业发展受阻、特色资源商业开发程度低等问题。服务和雇佣当地居民,将服务区建设为区域连接桥。高速公路公司致力于与当地社区和政府缔结全面合作协议或建立伙伴关系,使服务区成为民众、高速公路与地方政府之间的桥梁。2006 年,日本国土交通省编制了《国土交通省区域振兴战略》,目标是通过调整土地政策、支持地方企业发展、促进当地旅游业发展来增强区域的独立性和竞争力。日本高速公路服务区也采取了积极的本地化运营策略配合整体振兴战略的实现。

五是"开放式"服务区。 开放式布局是一种将服务区面向高速公路和地方道路双向开放,使之不仅服务于高速公路用户,而且服务于当地民众的布局方式。采用这种布局方式的服务区通常由高速公路公司、地方政府和第三方机构合作运营,在日本被称为"高速公路绿洲"。早期服务区和停车区均以封闭式布局为主,随着日本政府"区域振兴"政策的执行,为地方经济社会服务的开放式布局逐渐成为主流。中日本地区 213 个服务区中,就有 152 个是开放式服务区,数量约占 71%。日本国土交通省促进服务区开放的相关政策见表 4-1。

日本国土交通省促进服务区开放的相关政策　　　表 4-1

年份	政策文件及主要内容
2006 年	《连接到服务区的 ETC 系统实施指南》为封闭式服务区通过 ETC 改造成开放式服务区提供了实施方案
2012 年	《高速公路与便利设施连接的实施要领》对服务区开放的许可条件、土地权属、连接费用等问题做出了说明
2013 年	《提供相关信息促进私营企业进入服务区业务的政策》要求各地进一步公开服务区相关信息,以便企业提交开放服务区的申请手续
2015 年	《募集使高速公路服务区和停车区成为区域核心的相关案例的通知》肯定了服务区开放后对沿线地区的带动作用,鼓励建设开放式服务区

第 2 篇　山东高速集团实践

第5章 山东高速集团路衍经济发展战略

5.1 形势和需求

5.1.1 面临形势

5.1.1.1 经济形势新要求

世界面临百年未有之大变局,国际秩序和经贸体系深度调整,发展面临的新机遇新挑战层出不穷。交通运输业作为国民经济基础性、先导性、战略性、服务性行业,是畅通国内国际双循环的重要纽带和基础支撑。发展路衍经济正是立足新发展阶段、贯彻新发展理念、融入新发展格局的现实需要,是促进地方区域经济增长的重要方向、是提升公路运输增值服务的重要方式、是实现存量资源效益最优化的重要手段、是公路经营企业实现转型升级的重要抓手。山东高速集团作为国内交通行业龙头企业,应通过发展路衍经济、相关产业提质升级,融入新格局、把握新机遇、促进自身高质量发展。

5.1.1.2 行业政策新导向

《交通强国建设纲要》提出,要推动交通发展由追求速度规模向更加注重质量效益转变,加速新业态新模式发展。《国家综合立体交通网规划纲要(2021—2050年)》指出,要推进交通运输与邮政快递、现代物流、旅游、装备制造等其他相关产业融合发展。《山东省贯彻〈交通强国建设纲要〉的实施意见》中提到,培育运输服务新业态新模式,深化交通运输与旅游高效融合,完善枢纽、服务区等交通设施的旅游服务功能。《山东省"十四五"综合交通运输发展规划》(鲁政字〔2021〕127号)中提出,推进行业融合发展,推动"交通+旅游"融合,推动交通与物流、制造业、农业等产业融合。《加快建设交通强国山东示范区工作方案

（2022—2025年）》中提出了"交通融合经济"创新发展推进行动,依托交通基础设施自然属性和对区域经济的拉动、带动、辐射作用,通过集聚周边经济要素,培育"交通+"融合发展新业态,推动交通运输衍生出与文化旅游、城市更新、现代物流、装备制造等相关产业融合发展的新业态;大力推进临港经济、临空经济、高铁经济、枢纽经济、路衍经济等产业集聚发展,引领和推动经济社会高质量发展。《关于支持交通物流融合发展实施高速公路沿线土地物流仓储功能开发的意见》指出,支持交通物流融合发展,并提出具体相关政策支持。

山东高速集团的高速公路路衍经济发展目标得到了上位规划的引领与支撑。由此可见,发展路衍经济正符合"交通强国"和"交通强省"战略、建设综合立体交通网、形成公路主业与关联产业融合发展互动格局的新导向。

5.1.1.3　国企改革新路径

党的十八大以来,国企改革"1+N"政策体系逐步完善,为新时代国有企业改革搭建了"四梁八柱"。山东省委、省政府出台《关于加快推动国有企业改革的十条意见》及系列配套文件,提出"坚持以'四新'(新技术、新产业、新业态、新模式)促'四化'(产业智慧化、智慧产业化、跨界融合化、品牌高端化),加快推动国有资本向对新旧动能转换具有支撑保障作用的重要基础设施、公共服务等领域集聚,培育一批具有较强竞争力和辐射带动力的特色产业集团。"山东高速集团作为国有资本运作的市场主体,具备全链条参与投资运作能力,通过发展路衍经济,可进一步融合拓展特色业态,优化国有资产配置格局,有效促进商业模式创新,最大化发挥投资效益并实现国有资本运作良性循环,使集团向更加成熟的国有资本运营主体转型,从而更加有力地支撑保障国有资本保值增值和助力国企改革发展。

5.1.2　内在需求

5.1.2.1　实现集团可持续发展的需要

发展路衍经济可助力破局高速公路发展困境。当前山东高速集团面临经营压力较大、高速公路投资不可持续的困局。目前,山东高速集团运营管理的高速公路里程达7745公里(其中省内6156公里),预计"十四五"末将超过10000公里,体量规模庞大。从盈利能力来看,2020年集团总资产净利润率为0.95%

（还原疫情影响后数据），低于中国交通建设集团有限公司的1.59%、江苏交控的1.79%、浙江省交通投资集团有限公司的1.2%。从资产结构来看，2020年高速公路等重资产占集团总资产的57.7%，营收贡献率为25.5%，资产集中度高，占用资金多、投资回收期长，不利于实现高质量转型发展。从资产负债率来看，通过统计全国24个典型高速公路交通建设（控股）公司，2020年底山东高速资产负债7617亿元，居全国同行业第一，资产负债率为71.13%，高于浙江省交通投资集团有限公司、云南建设基础设施投资股份有限公司、甘肃省公路航空旅游投资集团有限公司的负债率水平。从可持续性来看，集团利润长期集中在高速公路运营、金融两大业务领域，"多极支撑"的发展格局仍未有效破题，在通行费减免优惠持续加码、基础设施建设成本持续加大、新建项目严重亏损、金融业整体利润下滑等背景下，集团可持续发展压力巨大。

通过发展路衍经济，有利于企业多渠道盘活各类资源，不断培育新的、可供长期发展的新型业务领域，形成新的经济增长点，尽快回笼资金，实现"路内不足路外补"，促进高速公路投资"软着陆"，助推企业可持续发展和转型升级。

5.1.2.2 拓展集团业务收入的需要

发展路衍经济既可拓展传统在服务区综合商业体、物流、加油、广告等方面的收入，又可以拓展在智慧交通、应急救援、新能源、大数据综合开发等方面的收入。山东高速集团在路衍经济方面进行了大量的探索和尝试，取得了很好的成效。2019年，集团盘活高速公路建设取土场等闲置土地640亩，新增房产出租面积7.9万平方米，年增加收入1.3亿元人民币。但是，按照可盘活的资源来看，还有巨大的空间。在可盘活土地资源方面，以乐宜高速公路、乐自高速公路为例，两条高速公路合计251公里，闲置低效土地达10宗，已盘活3宗用于汽车服务、驾校训练场地、物流仓储，实现创收567万元人民币；新建董梁高速公路沈海高速至新泰段合并设置侧服务区潜在可利用土地648亩，单独设置侧服务区潜在土地资源120~160亩，合理开发和利用均可以收到良好的收益。在通信管道共享方面，乐宜高速公路、乐自高速公路通过向通信公司、高速公路运营公司等出租通信管道，合计出租15孔，每年创收100万元人民币，按同等比例计算，整个山东高速集团预计可创收3000万元人民币。在光伏发电、拓展新能源业务方面，可充分利用服务区、收费站、养护工区的建筑物屋顶、车棚、边坡，以及分离式隧道进出口遮光棚、中央隔离带等位置，开展光伏建设。自2017年开展新能源光伏发电业务以来,截至2022年已建成分布式光伏电站装机容量5.26万千瓦,发电5853万千瓦时,实现年减少煤炭消耗2.1万吨,减排二氧化碳5.84万吨。近期,通过全面勘测,除高速公路边坡外,集团经营区域内可用于建设光伏电站的土地有约1.9万亩,建设容量约为126万千瓦,建成后预计实现清洁能源年均发电12.8亿千瓦时,自用光伏绿色电力6550万千瓦时,年减少煤炭消耗46.1万吨,减排二氧化碳128万吨,实现年均电费收入约4.9亿元。"十四五"期间,集团将新改建高速公路约3200公里,将进一步释放光伏可利用空间,实现巨大收益,同时也为实现交通运输领域"双碳"目标贡献力量。

5.1.2.3 树立集团路衍经济品牌的需要

山东高速集团在拓展路衍经济方面做了众多探索,取得了良好的成效,积极树立山东高速集团路衍经济品牌优势,推动集团所属企业拓展外部市场空间,为集团多元化、可持续发展提供良好市场环境。

在路衍经济领域,甘肃公路交通建设集团有限公司设立路衍经济部,成立路衍经济产业研究院,形成了甘肃路衍经济品牌;贵州以"桥旅融合""路旅融合""航旅融合""交产融合""交邮融合"为抓手,积极推进路衍经济和枢纽经济的顶层设计,成功打造了西江线外服务区和桥旅融合等品牌;江苏打造了以小型商业综合体为特色的苏通大桥服务区、以苏州园林为主题的阳澄湖服务区、以恐龙文化为主题的芳茂山服务区等"网红"服务区。

按照拓宽外部市场的思路,山东高速集团迫切需要在已经拓展的路衍经济基础上,形成山东高速集团路衍经济品牌优势,实现山东高速集团在外部市场的拓展。

5.2 发展战略和目标

5.2.1 发展思路

山东高速集团紧紧锚定"走在前、开新局",在"建设具有全球竞争力的世界一流基础设施综合服务商"总体部署下,牢记"新兴产业开拓者"的企业使命,以推进"六型山高"系统工程为核心,以推动山东高速集团产业转型升级发展为主线,以拓展高速公路衍生业务、提升高速公路运营效益为目标,大力推进高速公路沿线可用资源综合开发,建好"一个平台"、深化"三个领域"、衍生"五个经济"、推动"十一个实施举措",推动路衍业务多元化、资本化、差异化、特色化发展,加快建立科学、合理、可持续的路衍经济开发体系,注重做好近期与中远期路衍经济开发统筹规划、有序衔接,实现高速公路建设运营效益最大化,助力实现"九个强省突破",为全省经济发展贡献山东高速集团的力量。山东高速集团发展路衍经济的基本思路见图5-1。

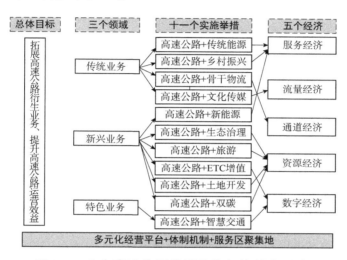

图 5-1 山东高速集团发展路衍经济基本思路

5.2.2 战略定位

第一,路衍经济是进一步发挥高速公路开路先锋作用,促进地方经济高质量发展的"新引擎"。

2019年9月,中共中央、国务院印发了《交通强国建设纲要》,明确提出"优化存量资源配置,扩大优质增量供给"。交通运输逐步从建设向运营管理转变,尤其是在"以国内循环为主、国际国内互促的双循环发展的新格局"背景下,迫切需要有新的经济增长点。作为传统投资的主要组成部分,不能仅仅依靠传统的交通基础设施建设推动经济发展,迫切需要交通运输行业拉动经济社会发展,带动沿线区域经济增长,形成交通运输与区域经济融合发展的经济"新增量"。

高速公路路衍经济发展理念可促进高速公路由"交通通道"向"经济走廊"转型。交通运输行业面临着环境保护、土地等资源的约束,而高速公路受其封闭管理的制约,服务区、出入口等资源利用率不高、闲置资源普遍存在,对沿线周边土地升值和自身促进作用不明显。但高速公路具有人流、车流、物流、信息流等较多的流量资源,通过高速公路"开口子",增强与沿线重点乡镇、产业园区、优质景区等节点的便捷联系,将流量资源转化为经济动能,依托属地潜在资源和关联产业形成"带状"产业集群,促进地方经济高质量发展,实现整体效率提高,支撑山东省委、省政府提出的"九个强省"中的文化强省、数字强省、新能源新材料强省、交通强省的建设。

第二,路衍经济是进一步提升高速公路服务能力和品质、满足人民美好生活需求的"新手段"。

随着人民生活水平的不断提高,私家车越来越多地进入百姓日常生活,旅游需求越来越旺盛,充电服务设施需求越来越旺盛,人民更加追求安全、便捷、舒适的高品质出行。同时,随着新能源、自动驾驶、大数据、5G 等新业态的出现,公路出行越来越呈现智慧化、绿色化趋势,对高速公路行驶过程中交通运行态势的精确感知和智能调控、基于移动通信网络的综合交通智能化服务、交通工具的智能化和人车路协同控制的需求也越来越旺盛。

推动路衍经济发展,可进一步提升乘客出行过程中的便捷性,推动高速公路与旅游融合发展,打造旅游主题的高速公路服务区和旅游公路,升级出行体验;推动高速公路与"双碳"结合,推动高速公路服务区(站)充电基础设施进一步加密、优化,满足日益增长的出行充电需求;推动高速公路与智慧交通融合发展,提高车路协同水平,形成山东高速集团智慧高速综合服务体系,增强乘客出行体验感和舒适度,促进实现"人享其行"。

第三,路衍经济是进一步拓展高速公路企业运营收入、实现山东高速集团多元化可持续发展的"新动能"。

目前高速公路投资压力较大,车流量较大的路段基本建设完毕,新建高速公路大多为加密路段,普遍面临车流量少、运维压力大等难题。山东高速集团利润长期集中在高速公路运营、金融两大业务领域,"多极支撑"的发展格局仍未形成。目前,省内高速公路建设资金主要依靠自筹资金和银行贷款,迫切需要盘活闲置资源,破解通行费减免优惠持续加码、基础设施建设成本持续加大、新建项目严重亏损、金融业整体利润下滑等给集团可持续发展造成的巨大压力。

推动路衍经济发展,充分利用已有的人流、车流、物流和信息流,深挖沿线区域潜在资源经济价值,形成新的收入来源,反哺企业运营,可实现集团多渠道盘活资源、回笼资金,助力"十四五"末资产负债率不高于74%的目标实现,减轻企业投融资压力,形成多元经营的良性循环。

5.2.3 发展目标

新时期,山东高速集团能够建立完善的路衍经济协同推进机制,建成一批具有引领示范作用的路衍经济项目,路衍经济产业初具规模,逐步形成路衍经济产业品牌效益,路衍经济成为山东高速集团经济增长的新动能和新的经济增长点。山东高速集团路衍经济发展目标主要体现在三个方面,具体如图5-2所示。

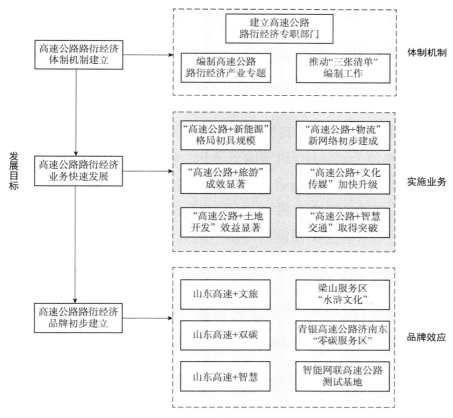

图5-2 山东高速集团路衍经济发展目标

一是路衍经济体制机制基本建立。建立常设协调办公室或路衍经济专职部门,编制已运营高速公路路衍经济发展规划,对多个产业板块进行专题研究,对新建、改扩建高速公路推动"三张清单"的编制,做好路衍经济顶层设计。

二是路衍经济业务快速发展。"高速公路+新能源"新格局初具规模,新建、改扩建高速公路项目提前预留光伏建设用地;"高速公路+乡村振兴"形成品牌,建设一批田园综合体、新型农业小镇和生态农业产业园;"高速公路+文化传媒"加快升级,"主线、服务区、收费站、匝道圈"广告资源开发升级工程深入推进,"一市一站一屏"、收费站迎宾屏、地标式电子屏等数字化媒体成效显著;"高速公路+骨干物流"新网络初步建成,高速公路物流骨干网信息平台投入运营;"高速公路+旅游"成效显著,推动若干个与景区相连高速公路服务区开口工程,打造一批旅游主题的高速公路服务;"高速公路+土地开发"效益显著,土地闲置率显著降低,综合利用水平和效益显著提高;"高速公路+智慧交通"取得突破成果,建成统一的车支付生态体系,打造若干成熟产品,智能网联高速公路测试基地试点成效显著。

三是路衍经济品牌体系初步形成。特色化、品牌化、流量化的"高速公路+"路衍经济品牌化发展体系初步建立,"山东高速+文旅""山东高速+双碳""山东高速+智慧"等路衍经济品牌文化体系逐步形成,沂源服务区"牛郎织女"、梁山服务区"水浒文化"、智能网联高速公路测试基地、京台高速泰安至枣庄段智慧高速公路、青银高速公路济南东"零碳服务区"等具有鲜明地域特色和文化内涵的路衍经济项目的行业影响力逐步壮大,"文化山高"与路衍经济充分融合,形成高速公路路衍经济品牌建设的"山东高速样本"。

到2035年,山东高速集团路衍经济产业体系更加优化,进一步拓展高速公路企业运营收入,成为山东高速集团多元化可持续发展的"新动能",全面适应和满足"人畅其行"的人民日益增长的美好生活"新需要"。高速公路路衍经济支撑和服务地方经济社会发展的成效显著,成为地方经济社会发展的"新引擎"。"高速公路+"路衍经济品牌文化发展体系和布局完全建立,成为山东高速集团的"新名片"。

5.3 发展任务和重点

根据山东高速集团路衍经济发展思路和发展目标,部署发展任务和发展重点,举措如下。

5.3.1 构建一套路衍经济体制机制

举措一:建立协同推进工作机制

高速公路路衍经济是多产业融合的带状经济,需要多个科室和权属单位协同推进,方能实现路衍经济项目成功落地。在路衍经济项目初期,应建立一套协同推进机制,即"一位领导负责、一个平台推进、多家单位配合"。建立项目全周期协同联动机制,定期召开调度会议,统筹解决项目谋划、落位、推进过程中存在的实际问题。

一位领导负责。集团主要领导"一肩挑",从集团层面为项目"把方向、出思路、定决策"。

一个平台推进。结合集团总体部署,可选择建立临时工作专班、永久协调办公室、路衍经济专职部门或各部室分阶段负责四种形式之一,负责推进路衍经济整体工作部署、构建顶层设计、寻求政策支持、制定管理办法和考核标准等相关工作事宜。

多家单位配合。山东高速集团拥有物流集团、资源开发集团、服务开发集团、城乡发展集团、生态环境集团、信息集团、新实业集团、材料技术开发集团、能源集团等多家与路衍经济相关的权属单位,需要各单位积极配合,统筹路域资源,深化务实合作,实现优势互补,确保集团效益最大化。

举措二:构建规划引领成果体系

对新建、改扩建高速公路,在项目前期立项工作中,积极推进"三张清单"编制工作,制定"一条线路、一个清单、一套方案"。针对每条新建或改扩建高速公路项目,形成企地合作初步清单,制定一套路衍经济实施方案。

对已运营的高速公路,编制"一个规划、多个专题、一套方案"。编制已运营高速公路路衍经济发展规划+多个产业板块的专题研究,做好路衍经济顶层设计,盘活现有高速公路闲置土地,提升现存路衍项目经济效益。以路衍经济发展规划及多项专题研究为依据,制定一套路衍经济实施方案,明确责任主体、实施主体、监管部门,做到"事前事中事后"监管,有序推进路衍经济发展。

举措三:健全路衍经济管理体系

通过制定《路衍经济项目编制导则》《管理办法》《实施细则》《监管体系》《考核标准》《统计体系》等一系列文件,使路衍经济从前期策划、立项、融资、建设到运营的全生命周期有制可依、有规可守、有序可循。

5.3.2 推动"高速公路+服务经济"发展

举措一：巩固"高速公路+传统能源"新经营业务

结合市场需求、以经济合理、安全可靠为准则,合理布局 LNG 加气站,并采用独资、股权、参股、资产合作、业务合作等不同模式与能源企业开展合作。对于已经在租赁经营合同期限内的加油站,进一步加强已运营加油站标准化管理,提高信息化服务水平;对于新建及租赁到期的高速公路服务区加油(气)站,要按照市场化原则,同等条件下优先选择具备汽柴油生产能力和源头采购优势的内部协同单位作为合作方,成立合资公司进行管理运营,加油(气)站可根据合作各方协商,采用双品牌或多品牌模式。

举措二：构建"高速公路+新能源"新格局

根据市场发展情况,结合项目投资收益要求,逐步开展"光伏充电一体化"、换电和加氢站试点,待市场成熟后进行大规模推广。

一是加大"交通+光伏"模式推广力度。协调建设管理单位和设计单位,对在建高速公路项目进行变更设计,对新建、改扩建高速公路项目提前预留光伏建设用地;按照"应建尽建、应上尽上"的原则加快光伏项目建设,如无法配套建设光伏电站,相关单位应向集团说明。

二是进一步明确光伏发电业务的开发主体和推进原则。能源发展公司负责光伏电站相关的投资、设计、建设、并网和后期的设施设备维修工作,拥有光伏项目的所有权和管理权。路域管理单位负责提供光伏电站建设区域、施工现场清理及绿化移植、协助办理涉路施工手续、协调路政和交警等部门及后期光伏电站运维,为光伏项目建设及运营提供所需的必要条件。

三是开发高速公路沿线能源管理和碳资产管理市场。初步搭建碳资产管理平台,集成碳排放监测、碳排放评估分析、碳排放预测预警和碳配额决策管理等多个子系统,实现碳排放可视化管理,为碳资产管理提供数据和服务支撑。围绕集团高速公路沿线分布式光伏项目,论证光伏资源申请可核证减排量(CCER)的实施路径,梳理光伏存量数据及开发计划。围绕集团所辖省内高速公路,按照建设阶段、运营阶段分别核算碳排放数据,设计碳排放核算体系。面向高速公路沿线所涉及物流园区、产业园区开展碳资产管理业务。

四是开展服务区+能源的融合发展。一方面,建设"光伏发电+谷价储能+余量上网"平台,充分利用服务区建筑物、停车区、护坡等空间场地资源布设光伏发电站、储能设备;另一方面,优化产业布局,延展大交通产业链,配合推进加气站、加氢站、标准化充换电站(桩)等公共设施建设,加快氢能源在服务区的布局以及推广应用。

举措三:践行"高速公路+乡村振兴"新担当

构建一批服务区商业综合体,围绕品牌兴农,以服务区为展示窗口,积极推广沿线地方特色产品,打造特色餐饮、品牌快餐和定制服务餐饮,打造以人为本的便利店(超市),实施"同城同价"或折扣优惠营销策略。围绕产业振兴,投资建设田园综合体、新型农业小镇、生态农业产业园、现代高效农业(体验农业)、"三产融合产业园区"等,推进农业高质量发展。围绕"四好农村路"建设要求,积极主动参与地方农村公路等基础设施的建管养运,全力推动乡村振兴工作。

5.3.3 推动"高速公路+流量经济"发展

举措:构建"高速公路+文化传媒"新走廊

一是推动传统广告升级改造。开展主线、服务区、收费站、匝道圈广告资源开发升级工程,注入文化和科技因素,强化高速公路广告人文价值和社会价值,实现收费站侧牌媒体-城市名片、匝道媒体-景观地标等项目的落地,推动德州、聊城地区老旧广告牌的拆除重建。通过自营、租赁、合作开发等方式,在服务区、收费站雨棚、上跨主线桥梁、隧道出入口中央隔离带等区域设置普通媒体、地标媒体等广告位,在服务区、收费站等人群密集场所投放户外液晶电视、LED 显示屏以及 POP 等新型媒体。推进全省各服务区场区内落地式广告、实物广告和镜面广告的投放;尝试设置形式多样、造型新颖的户外广告设施,使之与高速公路沿线人文景观、自然风光相适应,维护路容路貌与自然环境的和谐统一,全面提升高速公路形象。

二是拓展数字媒体阵地。完善集团内部广告资源的整合,实现专业化运作,形成规模效应,打造全国领先的高速公路广告综合服务企业。加速媒体转型升级,打造数字媒体矩阵,推进"一市一站一屏"、收费站迎宾屏、地标式电子屏等建设力度。同时与专业研发机构和院校合作,围绕"智慧交通新媒体综合研发",加大科研力度,实现科技研发创新赋能。

三是创新广告营销模式。打造平台式整合营销体系,将委托代理销售与自主销售有机结合,探索组建市场化广告销售代理公司,开拓终端市场,提高溢价能力。同时充分利用智能化媒体管理云平台,深挖数字媒体的规模效应,通过接入高德地图、人工智能识别等数字技术,实现高速公路户外广告全路域监控和大数据分析,推动户外广告向精准投放阶段迈进。制定《招商管理细则》及《营销管理办法》,充分调动员工积极性,主动开发客户、开发市场,降低广告牌整体空置率,有效促进营收增长。

四是积极打造全媒体生态圈。依托高速公路广告资源,发挥公司资金和品牌方面的优势,深入研究产业发展方向,采取与行业龙头企业资源共享、股权合作等方式,拓展城市、航空、地铁等户外广告媒介,打通广告制作、活动策划、品牌推广、创意定制等上下游业务,逐渐在品牌宣传、展厅搭建、会展组织及融媒体业务拓展等领域进行延伸,打造全媒体生态系统。

五是争取政策支持。完善现有广告牌许可手续,加大广告业务规划设计投入,在媒体规划升级、结构及版面设计、施工建设、运维管理等方面制定企业标准。

5.3.4 推动"高速公路+通道经济"发展

举措:做强"高速公路+骨干物流"新网络

一是构筑"新"网络。以高速公路及沿线场站、服务区为硬件基础,以 ETC 及高速物流骨干信息网为软件基础,搭建线下线上双平台,构筑开放共享、智慧高效、绿色安全的高速公路物流骨干网络,提供分布式仓配服务及物流增值服务。以高速公路物流骨干网信息平台、商业模式和客户资源为合作条件,实现对全国高速资源的整合,将山东高速公路物流骨干信息网扩展到全国高速公路物流骨干网。同时,通过线上信息平台,撬动社会运输和配送物流资源。

二是探索"新"模式。聚焦高速公路主业,围绕济南、潍坊等 6 个国家级物流枢纽城市和济南、临沂城市群补链强链试点城市,加快特色物流园区建设,开发统一的数智化平台,打造公铁空水转运枢纽,完善增值服务体系。充分发挥高速路网优势,深化与"三通一达"合作,探索铁公联运、专业运输、跨境运输等模式。在济南、青岛等地建设自有铁路集结中心,加快完善"一带一路"国家集结中心,联合沿黄城市共建海铁联运基地。强化内部协同联动,开发闲置土地等资源,深度挖掘高速公路收费站、服务区周边闲置土地,建设分拨站、分拨中心、分布式仓储等物流设施,结合城市物流配送路线,建立城市周边的"统仓统配"物流集散地。同步通过大数据应用,搭建车货匹配系统,实现高速公路空载或半载车辆与沿线节点的资源匹配,压缩"三级分拨"模式层级,以提高物流效率、节能减排。打造骨干网信息化平台,拓展商业保理、质押监管、金融保险等增值服务。

5.3.5 推动"高速公路+资源经济"发展

举措一:加快"高速公路+旅游"新融合

一是推进"服务区+文旅"融合发展。依托服务区属地自然资源和区位优势,打造可以作为短途旅行目的地兼长途休息驻足地的服务区。利用服务区周边的人文、旅游、生态等资源,联合当地政府共同打造"一区一特色、一区一主题"的旅游专区,吸引出行者观光旅行;充分利用服务区地理优势,拓展服务区旅游休闲娱乐功能,在邻近城市、著名景区的服务区,打造集购物、休闲、娱乐、健身、餐饮、超市、儿童游乐设施等于一体的商业综合体,将服务区充分融入城市和景区,打造消费新高地;与当地旅游景区或旅游部门合作,树立"依托旅游资源、宣传旅游文化、支持旅游发展、服务旅游司乘"理念,联合旅游部门跨界融合,设立旅游集散点,在服务区增加旅游咨询、门票预售、游客集散接驳、游客餐饮住宿、旅游特产销售等服务,为旅游景区做好前端服务;利用区位优势,在服务区内配套建立儿童游乐设施、餐饮住宿等休闲服务设施,为出行者提供节点兼驻留式服务;在服务区内开展自驾体验活动,设置房车营地,制作山东省高速公路自驾游手绘手册,开辟自驾线路吸引周边市民周末及节假日出行。

二是提升高速公路旅游服务水平。推动通往景区高速公路连接线项目建设,在高速公路路线勘察阶段,将地方政府因拉动区域经济等因素提出的需求与由企业因发展路衍经济的需要而提出的需求充分结合,创新高速公路企地合作新模式;改造提升景区原有水、电、路等基础设施和旅游标识牌,对旅游景区周边的公共设施以及周边配套经营设施进行提档升级,打造旅游公路;条件适宜的地区，推动高速公路服务区开口，与景区相连，打造旅游主题的高速公路服务。

举措二：打造"高速公路+生态治理"新服务

一是始终贯彻新发展理念，积极落实"碳达峰、碳中和"战略，强化环境保护意识，推广应用"四新"技术，努力实现全产业、全链条的绿色发展。科学调度，精心统筹，在确保项目工期进度的同时，将绿色发展理念贯穿于从设计到建造的全过程，节约资源，减少排放，与自然环境相处更加和谐。

二是结合高速公路的绿化建设，盘活周边土地资源，培育优质园林及农产品，通过绿化、种植、出售的方式，进一步盘活高速公路的衍生经济发展模式，为集团增收。

三是积极协调各施工单位，参与高速公路隧道洞渣破碎业务，结合对大宗固废的资源化利用创新研发和产业化研究，依托山东省工业技术研究院固废资源循环创新中心这一省级科研平台，以及固废循环再利用技术研发中心各项专利技术，基于"绿色材料化"和"能源回收+资源化"两条特色技术路线，开展生物质综合利用、污染土壤治理、废弃矿山修复等业务，降低原料成本，提升尾矿等固废资源综合利用效率，提升促进生态环保效能。

举措三：推进"高速公路+土地开发"新效能

一是盘活路域内闲置土地资源。结合经济作物种植、停车场租赁、闲置土地租赁、土地指标置换等方式，推动高速公路沿线撤销收费站后场地、服务区、"飞地"等土地资源的综合开发，对区位优势明显、商业价值较大的地块可布局康养社区、护理型社区等"康园"产品，对生态环境优越的地块可布局"田园综合体""生态农业产业园"等项目，积极盘活路域内闲置土地资源。

二是推进通信管廊综合利用。道路工程建设时，同步规划、同步建设通信输电设施，并考虑为未来发展预留空间，适当增加硅芯管预埋数量；与电信运营商等合作，出租高速公路通信管廊资源，利用富余通信资源依法开展增值服务，服务云计算、大数据、无人驾驶等未来产业。

三是提高路域外土地资源利用效率。加大通过修建高速公路置换的补偿土地招商力度，采取与相关企业合作开发、共同开发的形式，根据资源环境超前运作，在土地手续办理之前落实开发资金，加快获取土地经济效益的速度，利用开发土地的收益，实现项目资金平衡，化解高额债务。加快推动滕州香舍水郡项目二期综合开发,推动济南东南出口项目大魏、小汉峪地块收储并重新招拍挂出让,探索泰安、曲阜管理处作为商业地产、产业地产、园区地产等的开发模式。积极培育"由路进城"产业发展方向,推动灵山卫片区综合开发项目和"盛世·康园"项目,在商业开发、社区建设、环境配套等方面进行片区综合开发,打造"康园"产品和生态宜居样板。改良征地拆迁及补偿模式,在确保居民合法权益的前提下,将征地拆迁和地方城镇化、新农村建设相结合,在政策范围内,整合城镇化建设、新农村建设资金和高速公路拆迁资金,增强地方经济与高速公路发展的融合性。

四是推动矿产资源及衍生业务。充分利用高速公路沿线矿产资源,积极寻求矿山、建筑资源类项目,推动政府使用辖区内矿产资源偿还建设工程款等模式的推广应用。增强内部协同能力,构建土地开发、房建施工全产业链资源体系,推动开拓矿产资源及衍生业务,保障东部区域高速公路建设石材供应,稳定石材等原材料市场价格,进一步完善产业链、供应链,实现矿山业务与钢材、水泥、添加剂等综合建材业务协同。做大做强矿山修复业务,实现生态治理和废弃矿渣问题解决"双获益"。

举措四:打响"高速公路+双碳"新品牌

一是及时整合集团内外行业专家,科学合理地开展编制"双碳"战略规划及行动方案,搭建集团碳资产管理平台。

二是联合国内外权威科研机构,积极开展能源管理和碳排放核查、分析,科学确定碳目标和深度减排措施及路径。

三是准确把握"双碳"的市场机遇,积极布局交通基础设施领域的"碳利用""碳交易"和"碳金融"等市场。在先行开展青银高速公路济南东、邹平西和济东高速公路济阳三对服务区的"双碳"试点项目基础上,积极探索山东省交通领域"碳中和"实施路径,打响山东高速集团"双碳"新品牌。

四是结合青银高速公路济南东服务区"零碳服务区"示范项目,推广"零碳服务区"的建设与应用,提升集团的"双碳"品牌效应。

5.3.6 推动"高速公路+数字经济"发展

举措一:开发"高速公路+ETC 增值"新资源

一是围绕 ETC 构建统一的车支付生态体系。"车辆身份识别+支付结算服务"构成车支付产品,通过车辆 ETC 前装和车牌识别技术来确定车辆身份信息。通过信联支付提供的支付能力来实现支付结算服务。ETC 场景为通行使用核心场景,车牌识别使用场景主要围绕车辆服务展开,如加油、充电、保养、停车等,并作为高速公路通行费缴纳补充场景。

二是积极推进人工车道上线新无感支付。新无感支付产品借助移动互联网技术及完善的风控措施,可实现高速公路场景的"先通行后付费"功能,将 MTC(人工半自动收费)车道平均通行时间缩短至与 MTC 车道入口时间相同,这将极大缓解甚至彻底解决 MTC 车道拥堵问题。

三是积极推进人工车道上线新无感支付。依托高速公路沿线资源,开展货车引车加油,针对货车 ETC 活跃用户,围绕收费站附近加油站与服务区内加油站,开展引车加油相关业务,为油站提供针对性的营销引流服务。计划在加油站提供营销价格空间的基础上,由信联根据实际情况对加油站开展运营工作,通过语音告知、短信通知、APP 推送和社群流量维护等方式为客户提供加油服务,提升加油站的销量。同时结合新媒体营销、优惠券系统、积分商城等互联网营销打法,提升运营服务能力和营销引流能力。

举措二:拓展"高速公路+智慧交通"新产业

一是加快形成成套 BIM 技术和产品。推动 BIM 在山东高速集团基础设施数字化中的应用、济青中线智慧高速公路与山东省交通规划设计院集团有限公司的合作,通过试点示范应用加快形成成套 BIM 技术和产品。

二是推动基础设施数字化改造。在包括京台高速公路和济青中线高速公路等重点路段智慧高速建设中,组织专班,集公司精干力量推动基础设施数字化。以云计算、大数据、物联网、移动互联网、人工智能等新一代信息技术,利用阿里等合作伙伴的技术和产品,集成应用先进感知技术、传输技术、信息处理技术、控制技术等。打造产学研用平台,围绕智能收费、智慧感知、智慧通信等领域开展研究及成果转化。努力形成山东高速集团智慧高速综合服务体系,逐步开放共享。

三是进一步开拓智能网联高速公路测试基地的业务领域。引入汽车制造商、通信运营商、互联网公司、高校、科研院所等,通过提供土地、办公、试验场、住宅公寓、综合管理等增值服务获取收益。建设无人车主题"科研-教育-旅游-休闲"综合区,带动相关产业综合发展。由测试基地辐射和转移的成果将推动周边地区元器件、芯片、传感器、车载操作系统、通信设备、交通基础设施、智能车载设备、通信服务、平台运营、内容提供等相关产业的发展。不断提高智能网联测试基地测试服务水平,研发、检验车路协同及智慧高速公路路侧单元等产品和系统。

四是推动交通网与5G网络融合发展。助推高速公路沿线、收费站和服务区的土地、通信管道、门架、电力等资源融合发展,推动济青中线高速公路162公里路段的5G网络建设,推进与中国铁塔股份有限公司合作开展5G基站建设,利用基础设施公司已有资源,抵消运营商的5G服务资费。

五是统筹传统基建和新基建结合。积极寻找传统基建与新基建之间的契合点,做到两者统筹发展,大力推动新型数字交通基础设施建设,打造智慧交通产业园区,培育智慧交通产业链。

六是提升服务区的智慧管理服务水平。以大数据分析为手段、以云服务为环境,打造智慧服务区。一方面,配备智慧停车、智慧点餐、智能公厕、智能洗车、无感支付等智能终端,为广大驾乘提供便利服务;另一方面,完善智慧服务区综合监管平台,借助大数据对人车流量、销售数据、如厕情况、现场环境进行实时监管,及时调整、分析、处理,保障安全,优化服务。

第 6 章 山东高速集团路衍经济运营管理实践

6.1 建立高速公路路衍经济体制机制体系

6.1.1 建立协同推进工作机制

高速公路路衍经济是多产业融合的带状经济,需要多个部门和权属单位协同推进,方能实现路衍经济项目的成功落地。在高速公路路衍项目初期,应建立一套协同推进机制,即"一位领导负责、一个平台推进、多家单位配合"(图6-1)。建立项目全周期协同联动机制,定期召开调度会议,统筹解决项目谋划、落位、推进过程中存在的实际问题。

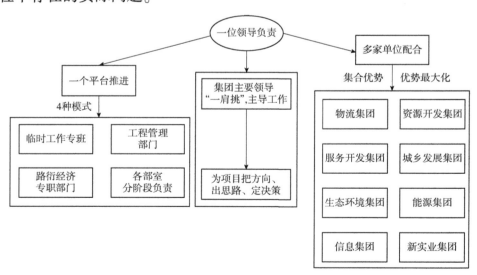

图 6-1 山东高速集团发展路衍经济的体制机制框架

一位领导负责。集团主要领导"一肩挑",从集团层面为项目"把方向、出思路、定决策"。

一个平台推进。结合集团总体部署,可选择建立临时工作专班、常设协调办公室、路衍经济专职部门或各部室分阶段负责四种平台形式。4种模式特点如表6-1所示。山东高速集团采取的是工程管理部门的形式。

路衍经济管理平台的4种搭建模式　　　　　　　　　　　　表6-1

序号	类型	特点	备注
1	临时工作专班	优点是人员配置机动灵活,缺点是缺少主动性和责任感	—
2	工程管理部门	山东高速现有管理路衍经济的部门,以实际工程为抓手进行路衍经济工作的统筹	山东高速集团现有模式
3	各部室分阶段负责	集团组织架构不变,以交通基础设施项目推进责任分工为参考,对路衍经济进行责任划分,各部室按责分工,推进工作,该方式的缺点是各权属业务单位易出现多头管理、多头对接的现象	—
4	路衍经济专职部门	优点是各权属单位正职领导兼任副主任,可提升路衍经济部门的凝聚力、战斗力,实现协调联动、合力发展	推荐

多家单位配合。山东高速集团拥有物流集团、资源开发集团、服务开发集团、城乡发展集团、生态环境集团、信息集团、新实业集团、材料技术开发集团、能源集团等多家与路衍经济相关的权属单位,需要各单位积极配合,统筹路域资源,深化务实合作,实现优势互补,确保集团效益最大化。

6.1.2 构建"三张清单"创新举措

为推进高速公路建设项目与路衍经济协同发展,提高高速公路运营效益,山东高速集团出台了《山东高速集团有限公司关于加快推进高速公路项目"三张清单"编制工作的通知》(鲁高速规函〔2021〕3号),提出对尚未开工的新建、改扩建高速公路项目,在项目前期立项工作中积极推进"三张清单"编制工作。

"三张清单"具体包括项目沿线"资源清单"、内部企业"诉求清单"、企地"合作清单"。其中,项目沿线"资源清单"指高速公路征地界内资源、产业等可开发、合作资源,具体包括土地、广告、隧道洞渣、通信管道、新建立的经济开发区、旅游资源、产业园区、物流园区、田园综合体开发项目、其他相关交通运输类资源项目。内部企业"诉求清单"指高速公路集团内部各个子公司、分部门在高速公路范围内计划开展的路衍经济相关项目列表。企地"合作清单"指与高速公路沿线中心城区、区县进行合作,潜在的路衍经济相关项目列表。

通过编制"三个清单",在高速公路前期工作中即对路衍经济相关的产业体系进行了详细的摸底调查,在高速公路建设初期将路衍经济与高速公路建设统一规划、统一设计,极大提高了高速公路路衍经济发展的效率与进度。

对已运营的高速公路,则实施"一个规划、多个专题、一套方案",编制已运营高速公路路衍经济发展规划+多个产业板块专题研究,做好路衍经济顶层设计,盘活现有高速公路闲置土地、提升现存路衍项目经济效益。以路衍经济发展规划及多项专题研究为依据,制定一套路衍经济实施方案,明确责任主体、实施主体、监管部门,做到"事前事中事后"监管,有序推进路衍经济发展。

6.2　打造"高速公路+物流"网络新理念

6.2.1　打造高速公路路衍经济物流网络

山东高速集团以高速公路为干线运输网络,以收费站为分布式前置仓,以服务区为集货及甩挂场站,构建高速公路物流骨干网。截至2022年底,山东高速集团已在高速公路收费站和服务区布局70多处分拨站;在济南、潍坊、淄博、青岛、济宁、临沂等城市收费站建设标准前置仓,仓储面积约5000平方米,其余城市收费站前置仓面积约3000平方米。山东高速公路物流骨干网项目是依托山东高速集团路网资源优势,以"分布式仓储+网络化配送"为主要特征的物流网络。该网络主要服务于快递企业、家电制造企业和成长型电商企业,将传统的"三级分拨"模式优化为"一票直达"的扁平化配送模式,对传统物流的转型升级、降本增效和交通物流融合发展具有重要意义。

在线上平台发展方面,项目依托"高速达"车货匹配平台,分析产业布局、流向动态、通行数据等资源,利用不满载运力和高速公路闲置碎片化土地资源,形成连接"货主"和"承运商"的双边货运会员体系。货主通过车货匹配平台发送货物运输需求,承运商按需接单,实现货主有车可选、驾驶员有货可运的良性运作,货主可将货物送至高速公路沿线的分拨节点,由车货匹配平台调配运力实现即配即运。截至 2021 年 6 月,"高速达"车货匹配平台已完成订单 2.02 万份,积累客户资源 3200 个,整合物流运输车辆超 10 万辆。

在运营线路布网情况方面,根据各地市场情况和场地条件,选取可利用、距离县区较近、与市政道路联通的服务区和收费站闲置碎片化土地作为物流分拨节点,通过串联物流集团省内园区,形成节点网络,打造点对点、县区直达县区的"端到端"货运体系。项目以济南—青岛为切入点开通班车运输线路。

2021 年 7 月,《山东省"十四五"现代物流发展规划》的"交通物流重点工程"部分将"重点推进高速公路物流骨干网、传化公路港、临沂国际陆港、菏泽中陆国际物流园等项目"加入列表。未来将继续在山东省内构建 161 处分拨站,以高速公路及沿线场站、服务区为硬件基础,以 ETC 及山东高速公路物流骨干信息网为软件基础,构筑开放共享、智慧高效、绿色安全的高速公路物流骨干网络,提供分布式仓配服务及物流增值服务。

山东高速物流集团在济南、青岛、临沂等物流枢纽城市的物流园区均已投产运营,总占地 2206 亩,仓储面积近 83 万平方米。山东高速物流集团所属典型物流园区基本情况见表 6-2。

山东高速物流集团所属典型物流园区基本情况 表 6-2

序号	名称	位置	占地面积(亩)	已建成面积(万平方米)	园区定位
1	山东高速西海岸智慧物流产业园	青岛	372	8.93	该产业园为综合型物流园区,依托临近青岛港的区位优势,主要为中小物流企业和外贸企业开展仓储、租赁、供应链金融及其他园区配套服务。功能定位可概括为"一园一区一港",即大宗商品配套产业园、多式联运功能区、西海岸公路物流港,打造智能化、产业化、平台化综合型物流园区
2	山东高速鲁南高新物流产业园	临沂	447	9.4	集物流仓储、中转分拨、流通加工、智慧物流研发等功能为一体,打造以塑料颗粒为产业特色的现代化综合物流产业园区

续上表

序号	名称	位置	占地面积（亩）	已建成面积（万平方米）	园区定位
3	山东高速鲁中产融物流园	淄博	504	30	"一枢纽一基地一平台"，即打造"一带一路"多式联运枢纽、山东新旧动能转换产业智造基地、沿黄经济带商贸交易平台三大功能板块
4	临沂国家林产工业科技示范园	临沂	363	13.7	"进口木材集采+班列运输+集散交易+产品制造+成品出口"，打造当地最大木业产业供应链综合服务平台
5	山东高速临空综合保税物流园	济南	125	2.8	打造集保税仓储、保税加工、冷链物流、跨境电商服务平台、产业综合服务平台等多种功能于一体的现代化综合型物流产业园区
6	山东高速日照木材物流产业园	日照	288	18	"四中心一平台"，即木材物流中转中心、中欧班列集结中心、流通加工中心、木材产业链数据中心和木材交易平台
7	山东高速高端供应链鲁中产业园	潍坊	107	0.38	拥有4股铁路专用线，主要为周边客户（如魏桥集团、博汇纸业等生产制造企业）提供原材料和产成品物流等生产配套服务，以园区、港口等为依托，提供普货陆运、多式联运的组织管理、运贸一体化服务等

6.2.2 构建公路物流信息平台

山东高速集团下的满易网络科技有限公司（简称"满易科技"）不断吸收国内外先进的物流管理和信息化经验，利用移动互联网、IoT（物联网）、SaaS（软件即服务）、云计算、大数据等技术，自主研发了专业的网络货运平台——"满易运"。"满易运"平台构建了以MY-TMS、"满易运货主""满易运司机""满易运加盟商"等为主的产品体系，覆盖计算机端、手机APP、微信公众号、小程序等多种平台，可为客户提供订单管理、安全验证、在途监控、结算管理、数据统计分析等功能，实现物流运输全流程数字化、可视化管理。

1) 车货智配

山东高速集团从驾驶员行为、车辆类型、货物品类、订单需求、常跑线路、货源偏好、信用评价等维度入手,使用 AI(人工智能)算法,构建运输基础画像。利用自主研发的智能化车货匹配专利技术对司机的到厂状态、行车轨迹、装卸货时间等进行科学的预测,自动为平台上发布的货源精准推荐合适的平台运力,实现智能化"车货匹配",充分利用大数据和人工智能,提升社会车辆运输效率,减少找车、找货成本,让公路物流更高效。

2)货主及车主增值服务

山东高速集团依托强大的技术研发实力和专业的物流运输服务能力,以"满易运"网络货运平台为载体,联合产业链上下游企业及相关服务机构,完善车货交易、智慧物流管理、金融、保险、ETC、油气集采、线上商城、维修保养、信息化服务等产业链功能生态圈体系,通过资源共享与优势互补,推动产业转型,聚焦更加高效、更加开放的智慧物流生态圈,营造更加优质的业态产业聚集环境,实现多方价值最大化和价值的有效连通(图 6-2)。

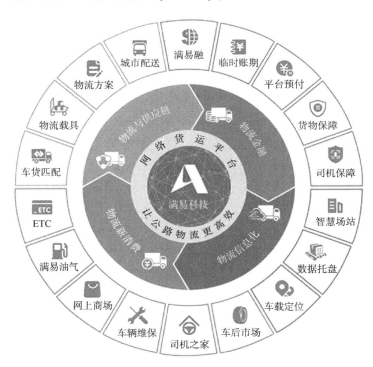

图 6-2 "满易运"平台功能图

6.2.3 打造"齐鲁号·全球购"跨境物流品牌

"齐鲁号·全球购"是山东高速集团打造的以"境外直采+班列运输+保税仓

储+服务区直购"为主要商业模式的优质进口商品全链条服务平台。该业务以拓展全球优质商品进口渠道、搭建精品产品进口的集散平台为宗旨。

一是利用高速集团运营的"齐鲁号"欧亚班列（图6-3），实现海外直采、班列运输。同时，保税区内的高品质恒温仓库和国外产地直达国内保税仓的一站式物流，有效降低流通成本。

二是通过打造国内进口优质商品直销商，开发境外一手货源渠道，甄选品类，切实为消费者提供品质保真、质美价优、高效便捷的进口好物。

图6-3　"齐鲁号"欧亚班列

三是发挥高速服务区沿线布局网优势，拥有151对服务区网点资源，有稳定的客流支撑，通过特色店门+销售网点的形式，形成规模化、区域化的品牌覆盖效应。截至2022年7月，"齐鲁号·全球购"的商品销售主要包括服务区直营店（图6-4）、品牌商品联营、外部销售三类渠道。2022年，完成济南市旗舰店开业，在省内布局服务区销售网点5个、非服务区销售网点50个，与2～3家国内大型连锁销售平台开展合作，不断提高国内市场份额。"齐鲁号·全球购"具有商品价格低、运输时效性强、销售便捷的特点，将"齐鲁号"欧亚班列的服务范围由B端（企业）扩大至C端（用户），能让百姓在家门口享受到"齐鲁号"欧亚班列带来的优质服务（图6-5）。

图6-4　青银高速公路服务区的"齐鲁号·全球购"直营店

图6-5　"齐鲁号·全球购"城市线下直营店

6.3 实施"高速公路+土地"开发新举措

6.3.1 探索高速公路闲置土地开发新模式

山东高速集团充分利用主产业链及片区开发获取的土地资源,立足供给侧改革,尝试多种土地开发模式,发展产城融合产品(图6-6)。零点收费站、北绕城高速公路高架桥下地块、天桥收费站老站、遥墙收费站、济南西收费站、原禹城管理处6处闲置土地盘活项目均于2020年底前开工建设。

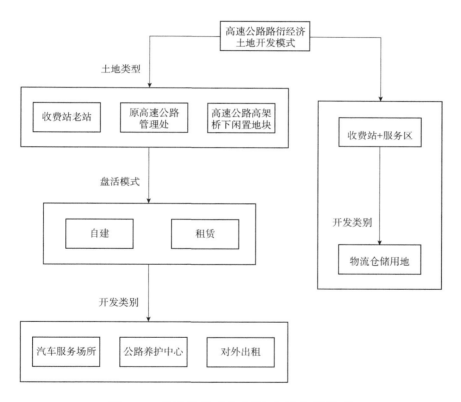

图6-6 高速公路路衍经济土地开发模式

山东高速集团下属泰安发展公司将青兰高速公路泰安城区段部分高架桥下场地,租赁给山东铭依置业有限公司作为停车场开发利用,约24亩场地年收益约30万元。剩余400余亩场地拟通过公开招标对外出租。

山东高速集团下属德州发展公司盘活齐河县潘店镇匝道圈闲置土地106

亩,与山东省高速养护集团有限公司合作成立山东高速市政工程有限公司,共同投资6700万元,其中山东省养护集团持股65%,德州发展公司有限公司参股35%,规划建设绿色养护基地。项目建成后,可满足山东高速集团所辖的京台高速公路、青银高速公路、济聊高速公路、高东高速公路、济广高速公路、大北环、济南至临清高速公路、济南至东阿高速公路、济聊高速公路改扩建的日常管养、大中修以及重点高速公路养护项目建设需求。

典型案例:灵山卫片区综合开发项目

近年来,山东省青岛市西海岸新区蓬勃发展,山东高速集团作为胶州湾大桥的承建方,与西海岸新区建立了长期的战略合作关系,城乡发展集团紧跟山东高速集团"由路进城"发展方向,拟与青岛海发产城投资开发有限公司合作开发灵山卫片区综合开发项目。项目位于青岛西海岸新区灵山卫街道,建设内容包括对灵山卫片区进行综合开发建设、城市更新及功能提升,重点就商业开发、社区建设、环境配套等方面进行片区综合开发,把片区打造成青岛西海岸新区生态宜居样板。项目涉及拆迁面积4109亩、规划调整后居住用地1457亩、商服用地399亩、商住混合用地549亩、公服用地453亩、道路交通及公设用地825亩、绿地426亩。

典型案例:济南积米峪深氧绿谷田园综合体开发项目

济南积米峪深氧绿谷田园综合体开发项目位于济南市南山区西营街道,开发主体是山东高速农文旅发展有限公司,总占地10084亩,涵盖8个自然村。项目拟打造"生态、环保、经济、健康、文化"五位一体的田园综合体和乡村振兴齐鲁样板,依托积米峪水库三面山体,整理土地、增修生产道路、完善浇灌设施,种植无公害生态果林200亩、金丝皇菊120亩、杜仲30万株,累计栽种景观林木苗木64144株。项目坚持保护、利用传统技艺、乡乐乡戏等非物质文化遗产,坚持利用村庄原有宅基地打造康养民宿,突出文化传承、建筑传承、历史传承,努力建设成北方最大的康养民宿齐鲁样板集群。在2021年度济南市市级田园综合体考评中荣获第一名,被济南市农业农村局评定为"济南市市级田园综合体项目"。

> **典型案例：德州管理处所处地块**
>
> 德州管理处所处地块于 2009 年 9 月由山东省国资委以作价出资的方式注入山东高速集团。地块位于德州市经济开发区，西邻经开区管委会，东临京台高速公路，南临东风东路，项目占地 116.23 亩，证载性质为商务金融和仓储。项目地块目前由泰安运管中心办公使用，地块内部分闲置，开发利用率较低。
>
> 为提高土地使用率，增加土地开发效益，资源集团通过与德州市政府、经开区管委会、自然资源局等相关部门数十次沟通，于 2021 年 2 月份启动了德州管理处项目控规调整工作，计划将土地性质变更为商住；2021 年 11 月 12 日，调整方案经德州市自然资源局通过；2021 年 12 月 9 日取得了市政府批复，土地性质最终调整为商住。资源集团正与德州市政府沟通土地收储及招拍挂工作，后续将根据开发方案进行盘活，力求实现土地开发效益最大化。

6.3.2 推行高速公路沿线土地物流仓储开发

山东高速物流集团有限公司依托山东高速集团作为山东省基础设施投资建设运营服务商和行业龙头企业的优势，重点打造"一网一链一平台"，即以建设布局公、铁、海、空物流基础设施资源网络为基础，以供应链综合服务为主线，以智慧与大数据运营平台为工具，聚焦物流基础设施产业，整合物流与供应链服务链上利益相关方及核心资源，形成以"网"承载资源、以"链"赋能产业、以"平台"驱动发展的战略路径，将物流集团打造成为行业领先、国际知名的智能化、一体化物流与供应链综合服务商。物流集团围绕山东高速集团定位和发展规划，业务主要划分为物流产业园、高速公路物流骨干网、供应链服务三大业务板块。

山东高速物流集团有限公司已在高速公路收费站和服务区布局 70 多处物流分拨站，探索高速公路沿线物流开发新模式，这一探索有力支撑了《山东省交通运输厅　山东省自然资源厅　山东省发展和改革委员会关于支持交通物流融合发展实施高速公路沿线土地物流仓储功能开发的意见》（鲁交运管〔2019〕26 号）的出台。

> **典型案例:德州南物资储运中心项目**
>
> 德州南物资储运中心项目2020年9月开工,2021年3月完工,成为全国首个利用高速公路匝道圈闲置土地建成的物资储运中心。总占地3.2万平方米,内建丙二类仓库4500平方米,主要为周边电商、超市、商贸流通企业和政府机构等提供仓储、配送、冷藏、供应链金融和应急物流等服务。2021年,济南西后周项目获得槐荫区自然资源和规划局建设审批,并于2022年开工建设。近期计划对潍坊西服务区进行物流开发。

6.4 推广"高速公路+服务区"运营新融合

从2016年山东高速集团开始实施服务区提升改造计划至今,共完成了139对服务区的提升改造,"服务区+文旅""服务区+商业综合体""服务区+特色农贸"等"服务区+"模式成为山东高速公路服务区的新特色、新亮点。

6.4.1 打造"服务区+文旅"主题名片

山东高速集团先后打造了沂源服务区"牛郎织女"、曲阜服务区"儒家文化"、梁山服务区"水浒文化"、胶州服务区"海洋文化"、禹州服务区"禹种不同"等一批主题项目,其中沂源服务区(图6-7)在2019年被授予"全国高速公路旅游特色服务区"称号。在万第服务区开发"胡留香"葡萄园观光、"富水河"观景项目,实现"一区一特色"。实施"服务区+名城"战略,打造了"爱情主题"——青兰高速公路沂源服务区、"山东会客厅"——济南东服务区、"聊城历史文化展览馆"——济聊高速公路聊城服务区等名片(图6-8、图6-9)。

在打造多个旅游服务区的基础上,山东高速集团积极推动交通运输主业转型升级和高质量发展,大力发展路衍经济,满足人民群众美好出行需求。在海滨城市威海,山东高速集团探索交通和旅游融合发展路径,打造了集停车休憩、特色餐饮、亲子游学、休闲度假等功能于一体的海螺湾休闲驿区(图6-10)。该服务区作为山东省首个3A级普通国省干线公路服务区和威海重点打造的"千里山海自驾旅游公路"上的最美休闲驿区,打造研学旅游、感官教育、主题露营、客运接驳、赶海垂钓、特色餐饮品鉴等文旅业态综合服务项目,实现服务区"从停车区到商业街区、从通过点到旅游景点、从加油站到文化休闲驿站"的新跨越,推动服务区向集约经营、人本服务、文化娱乐、生态旅游于一体的功能复合型度假区转型升级。该服务区为"交通强省"和"旅游强省"建设作出新贡献,为国省干线公路服务区建设发展提供蓝本。

图 6-7 "爱情主题"——青兰高速公路沂源服务区

图 6-8 "济南文化主题服务区"——青银高速公路济南东服务区

图 6-9 "聊城历史文化展览馆"——济聊高速公路聊城服务区

图 6-10　山东省首个 3A 级公路服务区——海螺湾休闲驿区

6.4.2　引入"服务区+商业综合体"理念

在全国率先引入"商业综合体"理念，并开展对外公开招商，引进专业化的运营管理团队，形成了以整体招商为主、分业态招商并行的招商租赁模式，经营模式实现从"自营"到"租赁+服务+监管"的转变。在乐自高速公路试点服务区打造"特色名小吃、尽在服务区"的特色经营模式，深受驾乘人员好评。在所辖服务区增设货车自助加水服务，整体打包出租停车区，由承包经营商承担日常管理成本，全面启动停车区超市和小吃区升级改造，终结了停车区仅能停车休息、上厕所的历史。服务区引进肯德基、汉堡王等国内外知名品牌 30 余个，打造自主商业品牌 10 余个，经营服务业态达到 33 种，满足了社会公众多元化消费需求。按照现代商业综合体的标准，已成功打造新汶、长清、文昌湖、济南东、聊城等服务区，提升服务、深挖效益、展示形象，满足驾乘人员的高端需求，融合商业零售、餐饮酒店、公寓住宅、综合娱乐四大核心功能于一体，提供餐饮、住宿、休闲、娱乐、购物一条龙服务。京台高速公路德州服务区、枣庄服务区和济广高速公路长清服务区（图 6-11）等一批"服务区+商业综合体"相继亮相，成为山东高速服务区新业态。

图 6-11 "商业综合体"——济广高速公路长清服务区

典型案例：禹城服务区"禹种不同"城市展厅

禹城服务区借助禹城市高新技术开发区、京台高速公路主线、德州与济南搭界地的区位优势，结合"禹种不同"品牌形象，展示"大禹治水"文化及禹城市地方特色农副产品。2021年3月服务开发集团与禹城市政府商谈合作，由禹城市交投集团投资200万元装修服务区中厅。2021年5月，禹城服务区开业，对外同步展示。2021年9月，禹城市政府为"禹种不同"农产品进驻山东高速服务区揭牌，主厅内以大禹治水、禹定九州等文化元素作为背景，地面雕刻古九州地图，单区占地面积约100平方米，展示功能糖产品、"大通手纺"空心面、"麦香园"大馒头、"鸿兴源"调味品等30余种产品。

6.4.3 启动"服务区+乡村振兴"模式

试行电商直播模式，打造实训式基地，推介"山东老字号"等特色产品（图6-12）。在沂源等4对服务区同步试点农副产品推介会，推广省内农业特色产品。将地方绿色农产品等特色商品引入服务区，有效带动产品销售，已在长深高速公路10对服务区部分商超设立了20个"喀什好味道"援疆扶贫专柜,在青兰高速公路岱岳、平阴、桃园服务区设置"扶贫专区",在滨州和高青服务区设立"重庆味道"专柜,发挥服务区平台优势,助推三农经济发展,体现国企社会担当。此外,山东高速四川产业发展有限公司积极推广"服务区+特色经营模式",与地方政府搭建合作平台,引入地方特色产品,践行企业社会责任,提升公司形象和效益。与井研县合作搭建"服务区+扶贫+地方特产"扶贫专柜,加强与五通桥、屏山等地政府的合作,搭建生姜、荔枝等特色农产品专柜,争取互利共赢。

图 6-12　青州服务区"青州府商街"和聊城服务区"扶贫专柜"

典型案例:曲阜服务区

　　曲阜服务区距国家5A级旅游景区"三孔"约10公里,距孔子出生地尼山圣境20公里。服务区综合楼突出曲阜当地特色,遵循了"儒家"文化理念,融入汉代斗拱设计元素,形成别具一格的新中式特色。服务区经营业态丰富:注册自主品牌"焙上物语",现场烘焙蛋糕、甜点、三明治等;开设"真时"咖啡等咖啡品牌档口,满足了驾乘人员休闲需求;设有传统文化底蕴浓厚的"孔府煎饼""鲁国记忆"等地方特色餐饮和"长安巷"美食街、"开饭"高速食堂等时尚餐饮,顾客可根据个人口味选择食材定制,明厨亮灶,获得不一样的餐饮体验;"速购"便利店精选各地名品,汇聚潮流品位,有1200多个品种。此外,设有文化创意区,分为"自然造物""科技生活""礼的复兴""城市采集"四大板块,展出具有本地孔孟文化、自然风光的特色商品以及工艺品,成为宣传地域文化的一张靓丽名片。

6.4.4 形成"山东特色"服务区品牌

1)"山东手造"进服务区

山东高速集团主动服务和融入全省文化产业发展大局,首批打造青银高速公路济南东、潍坊西,京台高速公路禹城、宁阳,滨台高速公路文昌湖服务区共 5 对"山东手造"服务区旗舰店,集聚全省手造产品 5 大类 600 余种,打造服务山东省文化"两创"的新阵地。服务开发集团将继续助力"山东手造"进公司,扎实推动"山东手造"进服务区覆盖全省,选取青银高速公路济南北、京台高速公路德州、泰安等 17 对服务区打造手造推广示范点。

2)创新服务区"城市展厅"

以与政府共同出资建设、服务区周边产业联动等为主要融合方式,创新"政企联动"新模式,与德州市、禹城市、枣庄市、潍坊市、新泰市、淄博市等 10 余地达成合作意向,禹城"禹众不同"、宁阳"鸣阳天下"两个服务区的"城市展厅"对外开放。

3)创建济青高速公路中线"开放经济带"国际风情主题服务区

将济青高速公路中线 10 个服务区打造为东亚、东南亚、南太平洋、中亚、中东欧、西欧等国际风情主题特色服务区,形成沿线区域与主题国家商贸、文化、旅游融合发展的"开放经济带",打造为"永不落幕"的进博会、对外开放的"新高地"、地方经济的"新引擎"。

第 7 章 山东高速集团路衍经济技术创新实践

7.1 拓展"高速公路+智慧交通"新技术

7.1.1 打造智慧高速云控平台

山东高速集团开展智慧高速云控平台研发(系统构架图见图 7-1),完成数据中台、物联中台、AI 中台建设,采用云-边-端协同控制逻辑架构,使边缘计算与人工智能中心高效协同,规范云、边、端一体信息基础设施和标准化通信协议,融合高速全路域外场硬件和信息系统实时数据,依托云计算、大数据、人工智能新技术手段,有效实现智慧高速场景下协同感知、数据分配、协同决策、协同控制等,提升通行效率、运行效率、管理效率、处置效率、公众获得感,降低事故发生率。

该平台主要具有下述功能:

——运行监测与预警:利用泛在感知系统实现对高速公路运行状态的监测。

——综合分析:对高速公路全网数据进行深层挖掘和分析。

——决策支持:全要素感知数据综合分析,形成多层次的安全、拥堵评价,支持高速公路的安全、拥堵治理。

——协调联动:实现各方应急处置力量之间的精细化协调联动。

——智慧诱导:预测未来各路段的交通运行状况,提前制定相应的诱导策略,为用户智慧出行提供信息诱导服务。

——车路协同:对人、车、路、环境进行全面感知,对不同层级交通运行进行精准管理和控制,实现车辆协同运行调控和安全节能控制。

在此基础上,编制了山东省地方标准《智慧高速公路建设指南》(DB37/T

4541—2022),这是山东省在智慧高速公路建设领域发布的首个统一标准,高度凝练了建设智慧高速公路的创新理念。

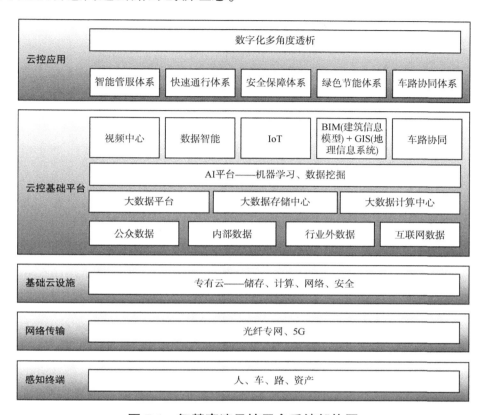

图 7-1　智慧高速云控平台系统架构图

7.1.2　建设智能网联高速公路测试基地

智能网联高速公路测试基地(实景图如图 7-2)位于济南市莱芜区和淄博市博山区之间,由原滨莱高速公路博山—苗山段改建,全长 26 公里(图 7-3),场景元素丰富,含 1 座特大公路桥(450 米)、3 座隧道(总长 1655 米)、2 处收费站、2 处互通立交,以及 0.29 平方千米的城市级智能网联汽车测试场景,涵盖交通运输部自动驾驶封闭测试场规定的所有测试场景,具备从全虚拟到全实际的多级智能网联汽车测试能力,是国内"测试里程最长、测试场景最丰富、测试环境最真实"的自动驾驶、车路协同与智能网联汽车全尺度场景测试基地。测试基地还搭建有"智慧隧道测试场景""道路分合流区域测试场景"等 30 余项自动驾驶功能/性能测试场景,按区域划分构建了 4 个测试区,设置了 15 种交通控制设施,搭建了多源异构通信网络,可为智能网联汽车测试提供典型的高速公路场景、部分城市场景和边界场景测试环境。

图 7-2　智能网联高速公路测试基地实景图

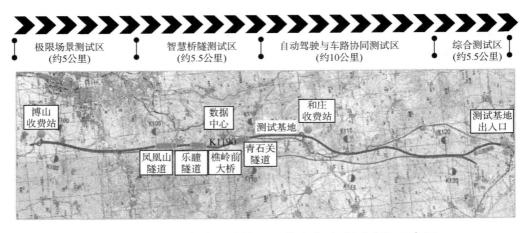

图 7-3　原滨莱高速公路博山—苗山段改建测试区示意图

智能网联高速公路测试基地主要具备下述测试功能:

——仿真测试试验。基地提供高速公路与城市道路智能网联仿真试验平台,实现计算机虚拟环境仿真测试、环境感知传感器仿真测试、北斗导航定位系统仿真测试、V2X 通信系统仿真测试等,模拟虚拟交通测试环境,构建了自然驾驶场景、法规场景、事故场景数据库,为智能交通和自动驾驶汽车技术迭代提供支撑。

——6种测试道路。包括直道、弯道、坡道、隧道、桥梁、出入口等测试道路，包含1处丁字路口、1处环岛。

——10种交通控制设施。包括人行横道、减速丘、道路限速、道路施工、停车让行、减速让行、锥形交通路标、可变信息标志、可变限速板、潮汐车道等交通控制设施。

——7种测试工具。提供控制车辆、假人、雷达、模拟隧道、惯性导航、车载定位设备、摄像头等测试工具和非机动车隔离栏设施。

——通信设施齐备。具备支撑5G和LTE-V2X协议的多元异构网络环境，可开展L1~L5各层级的自动驾驶测试、车车通信、车路协同和装备测试等。

——半开放道路测试。城市级智能网联汽车测试场建设半开放式车路协同路段，装配V2X、红绿灯、智慧路灯、智慧站台、充电桩等设施，实现单车自动驾驶、自主泊车、自适应巡航、车辆紧急制动、自动避障、网联编队行驶、路口信号灯交互、盲区检测等各种场景的自动检测和识别。

——传统常规车测试。测试基地路况场景丰富，纵坡较多，可开展常规车动力性能试验、制动性能试验、可靠性试验、耐久性试验、汽车操纵稳定性试验等，为传统整车企业提供长距离、全天候、高可靠性的汽车安全与操控性能测试条件。

2020年12月，测试基地被授予"济南市智能网联高速公路测试基地"。2021年9月，测试基地通过中国公路学会组织开展的全国公路科普教育基地认定，被授予"全国公路科普教育基地（2021—2025年）"称号。2021年11月，测试基地被交通运输部认定为"自动驾驶封闭场地测试基地"，成为全国第8个国家级自动驾驶测试基地。

智能网联高速公路测试基地不断拓展业务收入。一是结合博山区周边旅游及文化资源，打造自动驾驶特色小镇，通过测试基地的聚集效应，带动周边文化旅游产业发展。二是引入汽车制造商、通信运营商、互联网公司、高校、科研院所等，通过提供土地、办公、试验场、住宅公寓、综合管理等增值服务获取收益。建设无人车主题"科研-教育-旅游-休闲"综合区，带动相关产业综合发展。三是由测试基地辐射和转移的成果推动周边地区元器件、芯片、传感器、车载操作系统、通信设备、交通基础设施、智能车载设备、通信服务、平台运营、内容提供等相关产业的发展。2021年,智能网联高速公路测试基地实现营收1500万元。

7.1.3 建设智慧高速公路项目

7.1.3.1 京台高速公路泰安至枣庄段双向八车道改扩建项目

京台高速公路泰安至枣庄段双向八车道改扩建项目是山东高速集团投资建设的目前国内里程最长、规模最大、应用场景最丰富、设备配置最优、施工组织难度最大的智慧高速公路。该项目先后完成全省113个收费站464条车道无感支付升级改造;以"打造全国高速公路智慧服务区示范工程"为目标,对47对服务区进行智能化系统改造提升。开展智慧高速公路云控平台研发,完成数据中台、物联中台、AI中台建设,使边缘计算与人工智能中心高效协同;逐步融合外场硬件和信息系统实时数据,实现边缘侧、路段级、中心级深层次资源共享和决策协同。利用数字孪生技术对26公里智能网联测试基地进行数字化建模,将车路协同、桥隧仿真、设备运维等业务融入虚拟的数字化道路场景,实现在虚拟空间中对现实世界的研究与分析。

7.1.3.2 济青高速公路改扩建项目

济青中线智慧高速公路是山东省内第一条新建智慧高速公路,其自西向东先后连接济南绕城高速公路二环线东环段、滨莱高速公路、长深高速公路、潍日高速公路,通过潍日高速公路潍坊连接线同潍莱高速公路、青银高速公路相连接,途经济南市、淄博市、潍坊市、青岛市,是山东省高速公路网规划布局"九纵五横一环七射多连"的重要组成部分,是连接济南都市圈和胶东都市圈的重要干线和中部大通道。不同于京台高速公路改扩建项目,济青高速公路中线全部为新建路段,穿越丘陵、山区、河流、矿区和一条地震活跃带,地形、地貌、地质和气候条件复杂。济青高速公路中线全长约210公里,其中济南至潍坊段长约162公里,潍坊至青岛段长约47公里,全线设大桥、特大桥60座,隧道22座,全线桥隧占比达30%以上,全线采用双向六车道标准。

按照2021年山东省交通运输厅发布的《智慧高速公路建设指南(试行)》要求和路域特点进行重点设计,在京台高速公路改扩建项目的基础上,济青高速公路中线进一步探索并实践了智慧高速的"山东模式",智慧高速系统见图7-4。

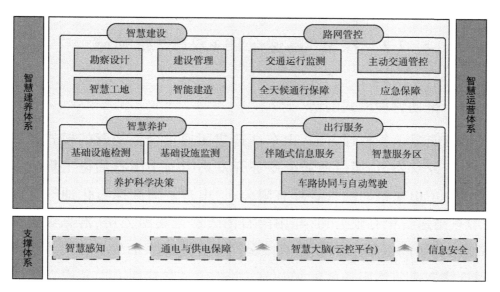

图 7-4 智慧高速系统

7.1.4 打造智能交通产业园

智能交通产业园项目位于济南高新区孙村街道,2019年10月开工建设,2022年7月正式投产运行,是2021年山东省优选、2020年济南市重点项目。智能交通产业园占地76亩,总建筑面积21万平方米,总投资12.5亿元,建有国家级智慧交通重点实验室、工业互联网中心、生产综合楼等。

智能交通产业园聚焦"交通强国"及"数字经济"战略,深耕智慧交通、智慧城市,以科技研发、成果转化为主线,以交通科技研发、成果转化、产业孵化、人才培养为牵引,努力建成国内领先的智慧交通产业园集聚区、车辆协同产业先行区、交通数据运营商、智慧交通国家重点实验室,搭建开放、协同、融合的规模化产业链生态,打造智慧交通产业创新高地,营造规模化产业生态,将建成国内一流的智慧交通产业集群示范区。

智能交通产业园围绕智能交通产业软硬件研发及生产,已投资设立智能交通产业上下游企业20余家(其中,高新技术企业8家、山东省"瞪羚企业"5家、山东省软件和信息技术服务业综合竞争力百强企业2家),承担国家重点科技项目4项,拥有行业认证、专利等知识产权成果1000余项。智能交通产业园2022年实现产值40.2亿元,税收2亿元,提供就业岗位2000余个。

7.2 探索"高速公路+双碳"新领域

7.2.1 推动管理模式创新

在传统能源业务管理方面,山东高速集团通过合资经营的模式开展。一是成立合资经营公司,通过所属的服务开发集团与中国石油化工集团有限公司合资成立了山东路油油气管理有限公司、山东济菏高速石化油气管理有限公司、山东高速石化有限公司,与中国石油天然气集团公司、富海集团有限公司合资成立了山东路达油气销售有限公司。上述四家油气子公司承租服务开发集团管辖高速公路服务区的加油站,并进行经营管理。二是成立供能管理中心,负责加油站经营业务的监督与管理,负责自营加油站油品的集中采购与配送。

在新能源业务管理方面,山东高速集团主要涉及加气、加氢、光伏、充换电四种业务。加气站建设与经营主要有两种模式:一种是自建加气站后租赁给有资质的企业经营,另一种是以租赁土地的方式由有资质的企业投资建设并经营。加氢站以租赁土地的方式由有资质的企业投资建设并经营。光伏电站以"光伏+高速公路"打捆招商模式、高速公路运营主体自行建设或招商等模式开展。充换电业务主要以租赁土地的方式由有资质的企业投资建设并经营。

7.2.2 加快分布式光伏项目建设

山东高速集团坚决贯彻落实"碳达峰、碳中和"要求,充分利用高速公路收费站、服务区、匝道圈开展光伏项目,加快高速公路边坡光伏项目及地方标准研究。截至2022年8月,山东高速集团已建成光伏电站装机容量共161.9兆瓦,主要分布在45对高速公路服务区、38个收费站及匝道圈、2.3公里边坡及3个工业园区内,项目主要分布在隧道、收费站及匝道圈、服务区和产业园区四大区域。起草的《高速公路边坡光伏发电工程技术规范》(DB37/T 4516—2022)地方标准(图7-5)于2022年6月20日发布,填补国内高速公路边坡光伏行业空白。

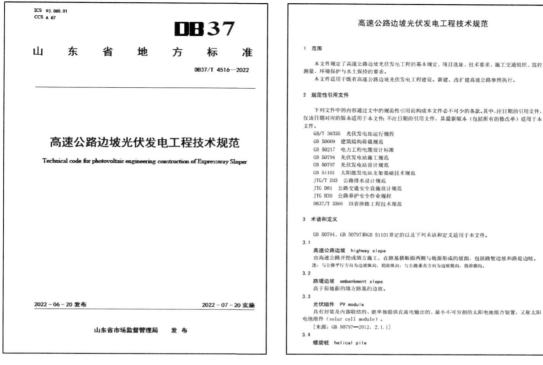

图 7-5 《高速公路边坡光伏发电工程技术规范》(DB37/T 4516—2022)

根据 2022 年最新数据测算,山东高速集团所辖省内高速公路边坡光伏最大建设容量为约 260 万千瓦,全部建成后,年均发电量可达 28.6 亿千瓦时,年节约标准煤 85.8 万吨,年减排二氧化碳 260 万吨,可有效助力实现山东省"双碳"战略目标。

> **典型案例:荣乌高速公路荣成至文登段边坡光伏试验项目**
>
> 能源发展公司建成了荣乌高速公路荣成至文登段 2300 米高速公路边坡光伏试验项目,装机容量 2.01 兆瓦,2021 年 12 月 31 日成功并网,年均发电量 221 万千瓦时,节约标准煤 663 吨,减排二氧化碳 2010 吨。下一步将在集团内部具备条件的区域逐步推广高速公路边坡光伏项目。

7.2.3 打造济南东"零碳服务区"

1) 基本情况

济南东服务区(图 7-6)位于青银高速公路 K315 公里处,地处济南市章丘区,占地300亩,分为南、北两区,单侧综合楼建筑面积6555.55平方米,设置普通停车位610个,无障碍停车位14个,大客车停车位56个,大型货车、危化品车停车位196个,是山东省规模最大的服务区之一。

图7-6 济南东服务区全貌

2)核心系统

济南东"零碳服务区"建设秉持节能化、清洁化、循环化、智慧化的原则(图7-7),采取分布式光伏发电、储能、交直流微网、室外微光、智慧管控、污水处理、生态碳汇等建设措施(图7-8),构建可再生能源利用、零碳智慧管控、污废资源化处理、林业碳汇提升四大系统,推进零碳目标实现。

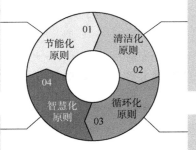

图7-7 "零碳服务区"建设原则

(1)可再生能源利用系统

济南东服务区可再生能源系统包括分布式光伏发电+储能、室外微光照明、交直流微网。

一是分布式光伏发电+储能。济南东服务区充分利用小车位车棚、建筑屋顶和高速公路边坡等位置进行分布式光伏发电系统建设(图7-9),总装机容量3.2兆瓦,预计平均年发电量约360万千瓦时,平均每年可减少二氧化碳排放约3200吨。为保证服务区微网的安全性、稳定性,济南东服务区配置容量1兆瓦/3.2兆瓦时的储能系统。

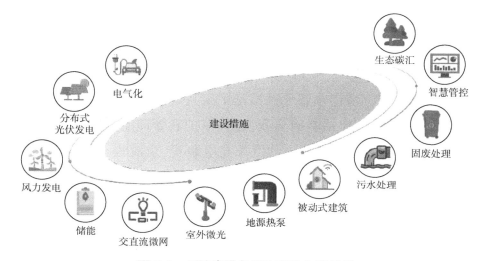

图7-8 "零碳服务区"建设主要措施

图7-9 "零碳服务区"光伏发电安装位置

二是室外微光照明。在济南东服务区楼前广场及周边增设28盏微光太阳能路灯,路灯自带独立的光伏和储能装置,白天利用光伏发电进行充电储能,晚上通过储能设备放电实现场区照明(图7-10),将服务区内大功率高杆灯减少50%。

图7-10 "零碳服务区"室外微光照明

三是交直流微网。济南东服务区搭建了交直流微网设施,由分布式能源、储能系统、监控和保护装置组成具有自我控制、保护和管理能力的新型能源基础设施,配套两台120kW大功率直流电动汽车充电装置,全流程、实时动态地掌控服务区能量流动情况,形成"源网荷储"一体化智慧管控模式(图7-11)。

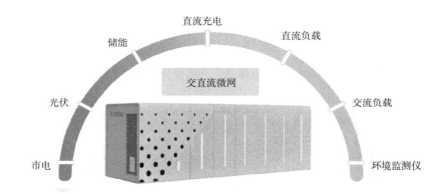

图7-11 "零碳服务区"交直流微网示意图

(2)零碳智慧管控系统

零碳智慧管控系统包括数字孪生可视化展示、能源信息化管理、智能运维、设备智能化管控、零碳数据分析五大模块,可实现济南东服务区节能降碳和能源智慧管理(图7-12)。

数字孪生可视化展示模块搭建基于数字孪生技术的可视化展示模块,形成决策者、管理者、运维者三个维度的数字化管理体系,打造具备运、维、调、控、视、仿等能力的综合能源数字化运营管理载体(图7-13)。

能源信息化管理模块通过物联网网关完成电表集抄和智能终端信息采集,

实现全天候、多层次的智能多源感知监测，以及能耗数据的实时统计和分析、设备能耗异常诊断等。

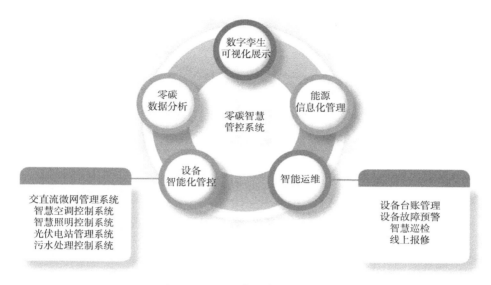

图 7-12　零碳智慧管控系统

图 7-13　"零碳服务区"数字孪生可视化展示模块

智能运维模块通过对设备运行数据集成、综合分析及故障预测，设计开发服务区设备台账管理、设备故障预警、智慧巡检和线上报修等功能，提升设备运行保障能力及运行效率。

设备智能化管控模块通过交直流微网管理系统、智慧空调控制系统、智慧照明控制系统、光伏电站管理系统、污水处理控制系统的搭建和管控，全面提升管理能效（图 7-14）。

图 7-14 "零碳服务区"设备智能化管控模块

零碳数据分析模块通过实时监测能耗数据,实现了"零碳服务区"碳排放可视化管理。

(3) 污废资源化处理系统

研发了污水处理设备,涵盖污水处理水质闭环控制系统、地埋式生物处理系统、水质应急系统模块,应用了水量、水质应急处理工艺技术,解决了服务区用水高峰低谷波动大、污水温室气体逸散大等难题。济南东服务区的污废资源化处理系统(图 7-15)具有智能化、低能耗、占地少、易运维、出水水质稳定等优点,污废资源化处理系统日常处理规模为 $200m^3/d$,应急处理规模为 $400m^3/d$,污废资源化率为 100%。在水质应急技术方面,当出现节假日污水临时性过多的状况时,启动应急污水处理技术,通过物理膜过滤技术的优势,实现快速固液分离。在水量应急技术方面,采用电磁流量计、数据采集卡等智能化数据采集设备,通过应用智能检测技术,实现各个节点的水流量精准监测与上报。

(4) 林业碳汇提升系统

为提高服务区碳汇能力,济南东服务区遴选固碳能力强的大乔木和竹林等植被,通过科学管护、合理经营,最大限度提高竹林及绿化林业生长量,增强其固碳能力、生态功能。济南东服务区绿化面积约为 6.77 万平方米,绿化率达到 33%。为提高服务区碳汇能力,遴选固碳能力强的大乔木和竹林等植被,增植面积达到 1.9 万平方米(图 7-16)。

 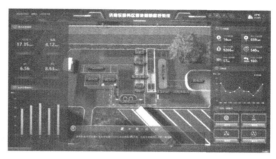

图 7-15　一体化污水处理设备

图 7-16　林业碳汇提升系统

3) 创新性经验

首次构建了高速公路服务区全场景的分布式光伏建设模式。充分利用服务区边坡、停车位、屋顶等各类空间资源,车棚及屋顶位置选用了发电效率高的 N 型双面双玻光伏组件,边坡选用了无边框、可弯折的柔性光伏组件,边坡光伏系统采用长距离固定安装工艺,大大降低了造成潜在二次伤害的概率,实现了全国服务区光伏装机规模最大,达到 3.2 兆瓦,是目前全国服务区光伏平均装机容量 0.27 兆瓦的 11.85 倍,为全国"零碳服务区"建设提供了示范。"零碳服务区"发展路径如图 7-17 所示。

针对服务区配电特点,首次开发了簇级管理的双储能单元同舱储能系统,占地面积小,能量密度高,储能装机容量 3.2 兆瓦时,为全国服务区最大,可实现服务区绿色电力自治率达 100%。储能系统采用组串式变流器,单簇电池管理,簇间独立运行,消除簇间并联失配,充分释放每簇电池的最大潜力,将生命周期内放电量提升 7%、初始电池配置容量降低 10%。

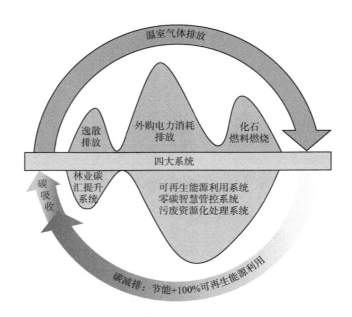

图 7-17 "零碳服务区"发展路径

首次开发了具有自主知识产权的服务区零碳智慧管控系统。以绿电充分消纳及设备自主智慧运行为核心,全面管控服务区光伏储能、交直流微网、暖通空调等机电系统设备,配套设计零碳管控算法以控制服务区整体能量流动,以用户感受为核心设计建筑设备智慧管控系统,模拟人类感知-分析-决策过程设计服务区能源"管控大脑",确保服务区"碳中和"可持续实现。

针对服务区污水冲击负荷波动大、污水处理过程精细化程度低等问题,开发服务区污水处理水量应急处理和水质应急处理模块,利用物理膜过滤技术实现不同粒径污染物的快速截留、分离,利用生物活性炭、电吸附等先进技术对污水水质进行深度处理。研发多污染因子监测技术和智能控制设备,形成污水水质闭环控制系统,采用水质在线监测系统获得水质实时参数,实现水质状态实时预警。

4) 经济社会效益

济南东服务区近零碳功能改造一次性投资4000万元,投资规模大,后续主要通过四方面取得经济收益。一是服务区建成后,通过自身光伏发电和储能系统能够满足服务区自身用电需求,可为服务区自运营节约大量电费成本。二是服务区光伏发电量大于自身需求量,在优先自用的基础上,剩余电量接入电网,电网根据市场电费价格对接入的电量进行付费,产生经济效益。三是服务区内建设充电设施,为新能源汽车进行充电,收取充电费用,产生经济效益。四是济南东服务区前期进行了零碳智慧管控系和服务区污水应急处理系统研发,研究成本较高,后期形成产品,通过技术转让,由其他低碳、近零碳服务区使用,不仅可获取经济效益,而且可以降低其他低碳、近零碳服务区的经济投入。

根据世界资源研究所和世界可持续发展工商理事会共同发布的《温室气体盘查议定书》定义的范围和计算方法,依据运营控制权法,对济南东服务区2020年度及2021年度温室气体排放展开了系统的盘查摸底。经核算,2020年度和2021年度济南东服务区运营边界内温室气体排放量分别为2645吨二氧化碳当量和2061吨二氧化碳当量。经测算,项目运行后年均碳减排约3400吨,远超建成前年均2300余吨的二氧化碳排放量,可以实现零碳运营,标志着济南东服务区成为国内首个实现自我中和的"零碳服务区",在全国具有领先示范意义。

同时,为总结"零碳服务区"建设路径和经验,进一步推动"零碳服务区"建设,山东高速集团梳理分析了"双碳"背景下"零碳服务区"建设的政策机遇与环境,结合济南东服务区实践案例,编写了《山东高速零碳服务区白皮书》,提出了"零碳服务区"的概念内涵、建设原则、核心路径和主要措施,阐述了山东高速集团绿色低碳发展思路。该白皮书将为全国高速公路服务区低碳、近零碳、零碳建设提供借鉴。山东高速集团针对"零碳服务区"进行了大量的研究与总结工作,研究成果获得了2022年度山东省交通运输系统优秀研究成果一等奖、山东省国资国企系统2021年度优秀研究成果二等奖、山东高速集团2021年度调研成果一等奖。

7.3 挖掘"高速公路+ETC"新收益

7.3.1 ETC互联网发行

2016年,山东高速集团在全国首创ETC互联网发行技术,补充、完善了ETC互联网发行技术体系,并根据大数据分析技术,实现OBU(车载单元)互联网自主发行、下发黑名单及实时锁卡功能,提取偷逃费证据链信息,辅助高速公路路政执法、公安执法。研发了"e高速"APP(图7-18),客户在线完成自主申办,自助安装,利用手机自行激活,将ETC发行由"线下"搬到"线上",打破了ETC发行的省域限制。该方式相比传统线下方式提高发行效率近400倍,荣获山东省公路学会科学技术奖一等奖。

图7-18 "e高速"APP

2019年6月27日,在撤销省界收费站、大力推广ETC应用期间,交通运输部部长李小鹏到山东高速信联支付济南分公司调研ETC发行工作,在现场了解山东高速集团ETC发行尤其是互联网发行情况后,李小鹏指出,山东高速集团时刻为群众着想,发挥传统优势,充分利用现代化工具,与相关部门通力合作,以创新性工作取得了良好发行成效。ETC应用受到李小鹏部长高度肯定,在全国得到复制推广,为当年全国完成ETC安装任务做出重要贡献。

截至2022年底,公司ETC用户突破2990万,占全国的1/7,ETC交易额年均1000亿元人民币,占全国的1/4,均居全国第一。山东高速集团获得了《一种基于ESAM的车载电子标签发行方法与系统》等多项专利、《山东高速ETC互联网发行系统软件V1.0》等计算机软件著作权登记证书。开展的"ETC互联网发行全流程效率与质量优化"研究被评为2020年山东省"质量改进优秀成果"。

2023年，山东高速集团联合一汽大众汽车有限公司在全国首个推出适合全车系的、专属定制的"ETC+行车记录仪"一站式选装服务。车主在购车时可进行一站式选装，申领车牌后，使用手机APP即可完成ETC设备激活，省时省力，高效便捷。山东高速集团积极与各大车企合作，加快推进ETC前装，从源头出发，在车辆出厂前将ETC功能集成在车内，车主提车后激活ETC功能即可使用。目前，山东高速集团已与30多家主机厂建立合作关系，其中包括雷克萨斯、一汽奥迪等豪华品牌，一汽大众、一汽丰田、东风日产等合资品牌，红旗、长城、岚图等国产品牌，合作主机厂年零售汽车量约占全国半数以上。山东高速集团下属的信联公司的ETC互联网发行业务成效显著，其"精细化品牌营销闭环打造的创新实践"在2020年被评为山东省"企业品牌创新优秀成果"。

> **典型案例：人工车道上线新无感支付产品**
>
> 新无感支付产品借助移动互联网技术以及完善的风控措施，可实现高速公路场景的"先通行后付费"功能，将MTC车道平均通行时间缩短至与MTC车道入口时间相同，这将极大缓解甚至彻底解决MTC车道拥堵问题。
>
> 其建设内容包括五个方面：
>
> **一是车道改造**。当车辆驶入高速公路出口收费岛时，车道软件通过天线读取CPC卡（高速公路复合通行卡）信息，计算通行费。车辆停靠收费岗亭时，收费员只需回收CPC卡，即可抬杆放行。此时，车道软件同步生成通行费账单，上传新无感支付系统后自动从用户绑定的扣款渠道完成扣款。
>
> **二是电子发票系统建设**。扣款成功后，新无感支付系统自动发送扣款短信通知，同时用户可在APP或者小程序自行查询通行费电子账单以及开具电子发票。
>
> **三是一键绑卡**。注册、绑定银行卡环节，借助"一键绑卡"功能，用户无须输入银行卡账号就可查询其名下银行卡并完成绑定。以此功能为基础，与中国银联、各商业银行进行联合营销，以绑卡补贴的方式，联合开展"通行费抵扣券""通行费随机立减"等优惠活动，激励客户绑卡注册新无感支付产品。
>
> **四是接入人行征信体系**。根据中国人民银行规定，公路通用信息将纳入金融信用信息基础数据库。信联公司已接入人行征信系统，如新无感用户存在恶意欠费行为，将计入人行个人征信。
>
> **五是新无感SDK**。（软件开发工具包）由信联开发，内嵌至车道软件系统，替代收费站原有POS（销售终端），为车道软件和无感系统提供数据传输服务。需要打通车道软件与无感系统之间的网络通信。

7.3.2 智能客服体系

山东高速集团始终坚持"以客户为中心"的服务原则,为客户提供优质高效、智能快捷的 ETC 服务。创新了线上 ETC 服务模式,在全国率先引入智能客服系统,利用智能语音机器人为用户提供全天候的售后咨询服务。自主研发了 ETC 自助服务终端,已在省内主要高速公路收费站进行试点,未来将在商业综合体、省内主要收费站等核心场景布放,为 ETC 用户提供办理、查询、设备检测等自助服务。通过以上方式形成了"e 高速"在线客服、95011 热线电话、智能客服系统、自助服务终端、ETC 网厅、微信和支付宝小程序(图 7-19)"六位一体"的 ETC 线上服务体系。

图 7-19 微信小程序"山东高速 ETC 客服"和支付宝"山东高速 95011"小程序

截至 2023 年 6 月,ETC 客服日均服务客户 18.05 万人,其中线上 17.99 万人,占比 99.7%;日均业务量 50.37 万笔,其中线上业务 50.27 万笔,占比 99.8%。山东高速集团获得了《智慧 ETC 自助终端系统 1.0》等计算机软件著作权登记证书,撰写的《基于ETC生态发展的智能+客服体系建设》获得了第十八届"全国交通企业管理现代化创新成果"二等奖。

7.3.3 货车数据科技服务

山东高速集团于2014年在全国首创了货车数据科技业务,持续挖掘优质货车ETC用户价值,加速公司的数字产业化进程。通过对货车用户数据的分析建模,形成精准用户画像,与银行联合创新货车ETC数据科技业务模式,为货车用户提供"先通行后缴费"的货车助贷服务,缓解了物流行业融资难、融资贵的问题。

同时,基于货车助贷服务,又延伸出保险分期等服务,为物流企业及货车车主打造一站式、全生命周期、多业态的服务体系。截至2023年8月,累计为近300万ETC货车用户提供服务,解决物流融资需求2500亿元,业务规模连续9年居全国第一,货车ETC通行额占全国的1/3,为部分省份提供货车ETC记账卡解决方案。山东高速集团获得了《货车ETC办理支付宝小程序1.0》等计算机软件著作权登记证书。其货车金融服务案例在2021被评为"中国物流与供应链金融优秀案例"。

典型案例:基于ETC的车支付生态体系

"车辆身份识别+支付结算服务"构成车支付产品。通过车辆ETC前装和车牌识别技术来确定车辆身份信息。通过信联支付提供的支付能力来实现支付结算服务。ETC场景为通行使用核心场景,车牌识别为车主服务使用场景,所有可以支持ETC和车牌识别的场景都是车支付可使用的场景。ETC识别主要运用于缴纳高速通行费。车牌识别使用场景主要围绕车辆服务展开,如加油、充电、保养、停车等,并且可作为高速公路通行费缴纳补充场景。建设内容包括三个方面:

一是基于车辆身份识别的支付服务。将ETC设备和车牌作为介质,把车辆识别技术与车主用户结合,通过ETC及车牌,将车辆信息与用户金融信息相连,实现"车-人-支付"的关系绑定,为车主用户提供支付服务,最大化利用ETC/车牌与车辆强关联的现实优势。

二是以ETC功能为依托的配套服务。对ETC功能进行整合,包括但不限于ETC用户授权、ETC线上发行、账单查询、账户充值等。在汽车出厂时即内置ETC设备,并将ETC功能赋能至车机系统,使车主在汽车中控屏上即可对ETC相关功能进行操作。

> **三是支付用户体系**。账户体系可支持单一支付账户或支付账户+银行账户多种组合模式,可支持个人账户、企业账户的充转消提等功能,灵活适配目前市场上的需求,实现合规、便捷的支付结算。

7.3.4 智能洗车

山东高速集团聚焦车辆用户,采用"网络平台共享"的发展模式,通过自建、加盟与链接外部洗车平台的方式,打造了全国最大的洗车综合服务平台——"e快洗"。"e快洗"服务平台已签约易自助、美能达客、迅风智能等 15 家外部智能洗车平台,累计上线网点总数达 5000 余个,覆盖省份 30 个。

2022 年,山东高速集团 ETC 业务办理及洗车业务正式入驻"学习强国"APP 的"强国城"平台(图 7-20),覆盖全国"学习强国"用户,用户可进入"强国城"平台进行 ETC 业务线上办理,并能快速查询周边"e快洗"等智能洗车服务网点,还可领取优惠券进行消费。

图 7-20 ETC 洗车业务正式入驻"学习强国"APP"强国城"平台

7.3.5 智慧停车

山东高速集团积极拓展 ETC 停车应用，颠覆传统扫码支付，实现不停车无感通行，为车主带来便捷高效的出行体验，同时大大提升停车场运营效率。拓展了大量标志性场景，包括山东、河南等 7 省的万达广场、30 余个城市级路侧项目、164 个大中型医院和近百个交通枢纽。其中，山东高速机集团于青岛胶东国际机场开展智慧停车业务，这是全国首家启用 ETC 智慧停车的 4F 机场（图 7-21）。

图 7-21 青岛胶东国际机场智慧停车

2023 年，山东高速集团联合松立控股集团股份有限公司推出的山东省内首个县级市全覆盖的 ETC 路侧停车改造项目在青岛胶州顺利落地，整体改造上线 30 余个路侧停车场、近 3000 个车位（图 7-22）。后续计划合作推进封闭停车场 ETC 改造，让市民充分体验到 ETC 智慧停车的高效与便捷。

图 7-22 山东省内首个县级市全覆盖的 ETC 路侧停车改造项目

截至 2023 年 6 月,累计上线车场 4200 余个,日均交易 17 万笔,占全国的 1/3,覆盖 26 个省份、180 多个城市。智慧停车业务获得了《ETC 智慧城市停车云平台 V1.0》等计算机软件著作权登记证书。山东高速集团所属信联公司 ETC 停车业务在规模上、技术上、功能上均处于全国领先地位。

7.3.6 智慧加油

2020 年我国加油市场规模突破 2 万亿元,汽油消费量 1.3 亿吨,加油市场规模达万亿级,境内加油站总量达 11.9 万座,4.8% 分布于高速公路。山东高速集团针对货车 ETC 活跃用户,围绕收费站附近加油站与服务区内加油站,开展引车加油相关业务,为油站提供针对性的营销引流服务,计划在油站提供营销价格空间的基础上,由信联根据实际情况对加油站开展运营工作,通过语音告知、短信通知、APP 推送和社群流量维护等方式为客户提供加油服务,为加油站提升销量。同时结合新媒体营销、优惠券系统、积分商城等互联网营销方法,提升运营服务能力和营销引流能力。

围绕加油领域拓展 ETC 服务,以 ETC 用户为对象,为其提供新无感加油、引车加油、加油赋能等服务。依靠 ETC 天线的精确识别能力及智能算法,实现对加油站内人、机、车辆特征及行为数据的精准识别和智能化分析,为用户提供全流程智慧加油解决方案,用户无须等待扣款成功,加油完成即可驶离,真正实现了用户、加油员的"双无感"。截至 2023 年 8 月,山东高速集团已与中石油、中石化、京博、壳牌 4 家油企达成合作意向。

山东高速信联支付有限公司被中国石油流通协会吸纳为副会长单位,具有丰富的成品油从业经验及行业资源。山东高速信联支付有限公司联合建设银行、威海市商业银行等开展 ETC 无感油站建设,已建成 420 余座 ETC 无感支付加油站(图 7-23)。公司充分发挥智慧运营平台数据分析、用户触达、数智化运营能力及针对服务区加油站的定向金融分期服务,打造服务区与路下加油站的差异化竞争优势,为加油站引车增量;同时,通过开展油非互促等衍生消费,构建"车后生态",助推高速公路服务区非油品销售、区域旅游等特色经营,有效反哺服务区经营及区域经济发展。

图 7-23　2021 年青岛首家 ETC 智慧加油站启动仪式

7.3.7　智慧大数据

山东高速集团掌握山东省高速公路路况数据(包括交通事故、道路清障、道路通阻、养护施工、收费站管制措施等)、试点服务区 ETC 天线数据、山东高速服务开发集团有限公司管辖的服务区基本信息数据(包括服务区充电桩实时状态数据)、山东省收费站拥堵事件数据、合作加油站基本信息数据、自有/合作智能洗车机基本信息数据、ETC 停车场基本信息数据。

通过多源数据融合、数据挖掘和分析等关键技术,实现了对大规模交通数据的精准采集与传输,整合了高速公路各信息系统,打破了信息孤岛,实现了有效数据集成;构建了公司大数据平台,对公司接入层数据进行清洗关联、统计转换和标准化处理,形成了与用户、车辆有关的特征数据仓库,建立了完整的数据统计分析系统,对动态监测高速公路运行状态以及决策支持提供帮助。

采用大数据处理、机器学习算法建立信用模型,通过分析挖掘客户数据,对客户特征进行提取,打造了包含 360°用户画像、用户洞察、用户研究、产品渠道洞察、营销时机洞察等分析模型在内的用户标签系统;完成多数据源集成融合与唯一用户身份识别,构建并落地了用户标签体系,为线上业务分析、营销管理、智能预测模型、用户运营及战略转型提供了数据能力支撑。

利用山东省高速公路路况数据,"e 高速"APP 高速路况功能为广大用户提供日常高速公路出行信息,高速路况功能月均访问次数在 100 万次左右。利用试点服务区 ETC 天线数据,"e 高速"APP 为广大用户提供实时停车位服务状态,同时该数据应用于服务区互联网运营管理平台,为山东高速服务开发集团有限公司管理部门、服务区工作人员提供车流量数据支持,为服务区运营管理提供抓手。

7.4 研发"高速公路+建材"新材料

7.4.1 搭建科研平台

山东高速集团所属山东高速建材集团有限公司将新材料新技术的研发、引进作为提升核心竞争力的重中之重,以"低碳、循环、提质、新材"为研发重点,坚持问题导向、目标导向与转化应用导向,完善科创体系,推动创新资源聚集,打造路用新材料研发和产业化高地,建设新材料自主研发中心。研发中心统筹研发资金、设施设备、人才队伍、创新成果等要素资源,形成上下联动、横向协同机制,已成为中国石油大学(华东)研究生工作站、山东交通学院产学研基地,与交通运输部公路科学研究院、山东省交通科学研究院、山东大学、美国海瑞集团研究院等保持密切合作关系。依托平台,山东高速建材集团有限公司先后承担20余项省部级科技项目,获得山东省科技进步奖、中国公路学会科学技术奖等各类奖项15项,参与制定行业标准、地方标准9项,获国家专利、软件著作权56项,18项课题成果被评为国际先进、国内领先水平。

山东高速建材集团有限公司将山东高速路用新材料技术有限公司作为新材料新技术转化平台,打通科研成果产业化应用通道,实现研发成果从"书架"走向"货架",推动科技创新与市场需求的精准对接,为更多的创新成果提供转化载体。山东高速建材集团有限公司充分发挥山东高速集团内部协同机制,先后推动高性能沥青基材料、环保型材料、功能性材料在内的10余项成果在交通运输行业得到示范应用,带动上下游新材料产值提升近5亿元。

7.4.2 研发高性能沥青基材料

山东高速建材集团有限公司立足道路路面材料性能升级与耐久性需求,研发了以高黏、高弹、高韧性为特点的高性能沥青基材料,并形成了桥面铺装、"白改黑"罩面、超薄罩面、碎石封层等不同应用技术体系。通过在济南黄河三桥、青岛胶州湾三里河钢桥等重点工程的应用，解决了大型钢桥桥面铺装建养难度大、耐久性不足的世界性技术难题，造价仅为市场同类技术的 50%~70%；在四川乐自高速公路长山隧道、京沪高速公路港沟隧道群等"白改黑"工程的应用，提升路面整体性能的同时，提高了行车安全性与舒适性；在潍坊荣乌高速公路、济宁日兰高速公路等工程进行超薄罩面预防性养护，实现了 1.5~2cm 的罩面层，提高了高低温性能、抗疲劳性能、抗滑性能，将传统抗滑表层厚度降低近 60%，大量节约沥青、石料等不可再生资源用量，每平方米成本造价比国内外同类产品降低了 27.6%，解决了路面预防性养护相关技术难题，填补了山东省相关技术领域的空白。该类材料产品自 2020 年至 2022 年 6 月已实现近 300 万平方米的推广规模，产值已超 3 亿元。

立足低碳减排与非高温作业施工需求，研发了高性能乳化沥青、多级沥青水泥（MAC）冷补沥青等绿色低碳材料。

高性能乳化沥青以高聚合物再生型为技术特点，通过搭建先进乳化沥青生产装备，实现在潍日高速公路、龙青高速公路、济青高速公路中线工程、国道 104 线应用面积近 630 万平方米，提升了路面下封层和桥面防水层的防反射裂缝、防水黏结能力，有效降低了路面水损害概率，实现了施工工艺的简化与节能环保，产值近 1.6 亿元。

MAC 冷补沥青是利用美国海瑞集团的先进技术开发的一种能在常温下使用的沥青产品，已纳入山东省地方标准。传统冷补沥青混合料虽有较好的施工和易性，但存在出料温度高、集料裹覆沥青膜薄的问题，不利于高原地区使用。山东高速建材集团有限公司生产的 MAC 冷补沥青成功克服了这一难题，提高了冷补沥青的低温黏性、耐候性、防水耐剥离性、塑性及与原有路面材料的胶结强度，并成功应用于青藏高原，不仅能在 50~60℃ 低温下出料，而且在 10~20℃ 的室温下仍能保持良好性能，得到客户一致好评。2021 年 9 月，山东高速建材集团有限公司与青海青蒙建设集团有限公司签订 MAC 冷补沥青采购合同，标志着山东高速建材集团有限公司生产的 MAC 冷补沥青首次登陆青藏高原。

在京台高速公路枣庄至泰安段工程中，山东高速建材集团有限公司研发的"岩沥青复合改性沥青""耐久性增强型抗剥落剂 TR-500S"等产品，有效提高了工程建设质量。以替代消石灰的 TR-500S 为例，显著改善沥青与集料的黏附性，使得工程不仅绿色环保，更表现出了优异的水稳定性，大大提升高速公路路面的抗水损害能力。TR-500S 等新材料在南苏丹公路建设项目中经受住了非洲高温多雨天气的考验,沥青路面使用寿命明显延长。

7.4.3　实施赤泥综合利用

赤泥是氧化铝生产过程中产生的固体废弃物,因为综合处理难度大,大多采取场地堆放处置方式,占用了大量的土地资源,更为严峻的是,赤泥中含有重金属、高碱性等,带来了环境污染风险和安全隐患。因此,最大限度减少赤泥堆存和危害,实现多渠道、大规模的资源化利用迫在眉睫。

在"双碳"背景下,山东高速建材集团有限公司以新材料推动节能减碳势在必行,加速落地实施赤泥综合利用项目,助力"双碳"目标实现。为贯彻落实国家发展改革委等十部门联合发布的《关于"十四五"大宗固体废弃物综合利用的指导意见》(发改环资〔2021〕381 号),进一步提升大宗固废综合利用水平,推动资源综合利用产业节能降碳,山东高速集团盯紧"双碳"目标,以交通基础设施建设需求为导向,与山东大学开展了"多源固废协同利用制备土木功能材料关键技术与示范"研究,立项了 2018 年山东省交通运输科技计划、2020 年山东省重点研发计划(重大创新工程),成功研发了赤泥基胶凝材料等土木功能材料。赤泥基胶凝材料主要替代水泥,用于路面基层稳定碎石、路基改良土、交通工程预制构件及采空区填充等工程,相关产品的重金属元素及放射性经国家建筑材料测试中心、山东省水泥质量监督检验站、山东省环境保护科学研究设计院有限公司等权威机构检验,均符合国家相关标准要求。2022 年 2 月,中国公路学会联合山东省交通运输厅对该科技成果进行了评价,相关成果得到 5 位院士及相关行业专家的认可,总体达到国际领先水平,可实现赤泥在高速公路工程建设中的大规模应用。

早在 2017 年 4 月济青高速公路改扩建工程中,山东高速集团就尝试将赤泥应用于公路路床填筑,这在世界上也是首次应用,填补了行业空白。在沾临高速公路建设中,山东高速集团进一步深入探索,在现浇赤泥基轻质路基、赤泥基装配式路基、赤泥基改性混凝土等领域开展广泛研究,实现工程化应用。截至 2022 年 6 月,已使用赤泥基泡沫轻质土 6 万余立方米,消纳赤泥 2 万余吨,并有效减少了道路差异沉降。2021 年底,赤泥基胶凝材料应用于济南至高青高速公路工程章丘北服务区匝道基层的铺设中,成功替代水泥,实现社会效益和经济效益"双丰收",每公里可减少碳排放近 900 吨,降低建设成本近 30 万元。

2021 年 9 月,山东高速建材集团有限公司牵头成立了成果转化实体企业——山东高速环保建材有限公司,在滨州、淄博等氧化铝生产基地布局多个赤泥综合处理项目。在滨州建成年产 5 万吨的赤泥中试车间基础上,还在淄博投资建设赤泥综合利用技术产业化示范项目,该项目以赤泥、脱硫石膏等大宗工业固废作为主要原料生产赤泥基胶凝材料,每年可消耗赤泥 42 万吨、高炉矿渣微粉 13 万吨、脱硫石膏 3 万吨,固废利用率超过 90%,可年产赤泥基胶凝材料 50 万吨,产值超过 1 亿元。山东高速建材集团有限公司全面推进固废资源化利用,力争成为国家发展改革委提出的 50 个大宗固废综合利用示范基地龙头企业,助力山东省新旧动能转换。

第3篇 结论与展望

第 8 章 研究成果与前景展望

8.1 主要研究成果

本书研究成果主要包括以下五个方面：

一是丰富了高速公路路衍经济发展理论。本书研究路衍经济的基础理论，以高速公路为核心，以开发高速公路衍生产业为出发点进行深入研究，系统、深入阐释了"高速公路路衍经济"的概念，分析了高速公路路衍经济的内涵，提出其是高速公路行业依托自身资源衍生的新兴业态，是高速公路行业追求经济价值的新兴业态，是高速公路行业高质量发展的新兴业态，是高速公路行业与其他产业融合的新兴业态。提出了高速公路路衍经济的时代特征、演化机理、发展路径，从高速公路发展层面丰富了路衍经济理论。

二是构建了高速公路路衍经济产业体系框架、以"高速公路+"为特征的路衍经济产业发展模式内容。从"传统产业+新兴产业"、产业经济、绿色经济、区域经济、数字经济衍生的不同经济视角出发，提出路衍经济产业体系框架。提出了高速公路路衍经济的产业体系框架，包含高速公路+传统能源、高速公路+旅游、高速公路+土地开发、高速公路+文化传媒、高速公路+现代物流、高速公路+新能源、高速公路+双碳、高速公路+生态治理、高速公路+乡村振兴、高速公路+ETC 增值、高速公路+智慧交通等。同时，给出了路衍经济产业体系划分方式，其中，传统业务指加油站等传统能源业务、旅游融合业务、土地开发业务以及广告文化传媒业务，新兴业务指现代物流、新能源、双碳、智慧交通等新时期下的新型产业。

三是山东高速公路路衍经济的运营管理提升了路衍经济活力。结合山东实际，形成了路衍经济协同推进机制，创造性提出了高速公路建设"三张清单"；打造了山东高速骨干物流网络，打造"齐鲁号·全球购"跨境物流营销模式；探索了推行高速公路沿线土地物流仓储开发；编制了地方标准《高速公路边坡光伏发电工程技术规范》(DB37/T 4516—2022)，填补国内高速公路边坡光伏行业空白；形成了具有山东特色的服务区品牌。运营管理的创新成果具有可复制性、可推广性，极大增强了高速公路路衍经济的生命活力。

四是山东高速公路路衍经济发展、开拓了多项技术创新。在智慧高速领域，开展了国内里程最长、规模最大、应用场景最丰富、设备配置最优、施工组织难度最大的智慧高速公路云平台研发，利用数字孪生技术对26公里智能网联测试基地进行数字化建模。在"双碳"领域，自主研发包括零碳智慧管控系统在内的"零碳服务区"综合开发技术体系，提出高速公路服务区全场景的分布式光伏建设模式。在ETC数据综合开发方面，构建了基于智慧数据服务的ETC数字服务产业体系，在全国首创ETC互联网发行技术，完善补充了ETC互联网发行技术体系。基于高速公路人流、车流、货流数据，构建了智慧交通大数据平台，开发智能洗车、智能停车、智能加油等服务业务，构建了ETC智能客服体系；通过对货车用户流量信息的分析建模，形成精准用户画像，与银行联合创新ETC金融业务模式。

五是打造形成了山东高速公路路衍经济系列品牌。通过建设高速公路路衍经济产品，建立了集"山东高速+服务区""山东高速+双碳""山东高速+智慧"于一体的特色化、品牌化、流量化的"高速公路+"路衍经济品牌化发展体系，打造路衍经济品牌体系概念。在"服务区+"方面，自主建立"齐鲁印象"等10余个服务区商业品牌，打造曲阜"儒家文化"、梁山"水浒文化"、胶州"海洋文化"等特色服务区，在服务区设立"喀什好味道"等援疆扶贫专柜，与地方政府合作在服务区内创新性建设"城市展厅"。在"双碳"方面，在济南东成功打造实现自我中和的"零碳服务区"并正式投入使用。在智慧交通方面，组建智慧交通产业园；建设智能网联测试基地，被交通运输部认定为"自动驾驶封闭场地测试基地"，被山东省交通运输厅、山东省科技厅和中国公路学会认定为"科普教育基地"。建成国内首条"改扩建+智慧高速"交通强国试点项目——京台高速公路泰枣段，创里程最长、规模最大等八项"全国之最"。在建材方面,构建了"一核两翼"业务格局,即以沥青为"核心业务",借助主业资源优势,加速落地实施赤泥综合利用项目,开展钢材、水泥等主要建设材料的"协同业务",培育防水材料等新产品、新技术和新业态,研发了以高黏、高弹、高韧性为特点的高性能沥青基材料,并形成了桥面铺装、"白改黑"罩面、超薄罩面、碎石封层等不同应用技术体系。建立的研发中心已成为中国石油大学(华东)研究生工作站、山东交通学院产学研基地,实现研发成果从"书架"走向"货架",推动科技创新与市场需求的精准对接,为更多的创新成果提供转化载体。

8.2 经济社会效益

8.2.1 经济效益

2022年,山东高速集团营业总收入为2310亿元,其中排名前三的分别是工程建设、路衍经济、新兴产业。"服务区+"、物流、能源、装备制造、数字产业等衍生产业营收519亿元,约占集团总营收的22.5%,在经济层面极大提升了山东高速集团的可持续发展水平。

ETC增值服务方面,ETC用户突破2800万,占全国的1/8;ETC交易额达年均1000亿元,占全国的1/4,均居全国第一。2022年度ETC发行和ETC扩展业务收入共计44711万元,利润总额23487万元。

绿色低碳方面,坚持"生态设计、循环利用、工程绿化、能源替代"的理念,在G20青银高速公路济南东服务区打造全国首个实现自我中和的"零碳服务区",于2022年7月12日正式投入使用,首份高速公路"零碳服务区"白皮书也于同月发布。济南东服务区作为山东高速集团倾力打造的首个"零碳服务区"试点项目,围绕提升能源使用效率、100%可再生能源利用和林业碳汇抵消三大核心路径,实现服务区运营阶段"零碳排放",每年可减少碳排放量约3400吨,远超建成前年均约2300吨的碳排放量,实现"零碳"运营,并具备"可持续碳中和"的能力,在国内尚属首次。深挖高速公路匝道圈、边坡、服务区等土地资源,全力推动光伏项目建设,打造了全国首个高速公路边坡光伏试验项目,发布了边坡光伏建设地方标准。在交通新材料研发转化方面取得重大突破，开展赤泥无害化处置和高值化利用的研发工作，与山东大学等高校联合开展技术攻关，成功研发了赤泥基胶凝材料，并在济南至高青高速公路铺设工程中成功应用，每公里减少约900吨的碳排放及30万元的建设成本，实现了社会效益和经济效益"双丰收"；推动成果产业化推广，成立了山东高速环保建材有限公司，在滨州、淄博等氧化铝生产基地布局多个赤泥综合处理项目，并在淄博建成年产50万吨固废基胶凝材料生产线，每年可消耗赤泥42万吨、高炉矿渣微粉13万吨、脱硫石膏3万吨，固废利用率超过90%，产值超过1亿元。

智能交通产业园方面，围绕智能交通产业软硬件研发及生产，投资设立智能交通产业上下游企业20余家（其中高新技术企业8家、山东省"瞪羚企业"5家、山东省软件和信息技术服务业综合竞争力百强企业2家），承担国家重点科技项目4项，拥有行业认证、专利等知识产权成果1000余项。2022年实现产值40.2亿元，税收2亿元，提供就业岗位2000余个。

建材方面，在省内、重庆、广西等地建有改性沥青生产线15条，全国市场覆盖率超80%，沥青销量继续保持行业领先地位，拥有50万吨以上的沥青罐容、50万吨以上的钢材库容、日运力5000吨的专业沥青车队及2家上海期货交易所石油沥青交割社会库。以2022年为例，全年销售沥青近400万吨（其中外部市场占比超90%），占国内市场份额的13%，稳居全国同行业第一。

8.2.2 社会效益

对国内高速公路路衍经济的发展理论、产业体系、实践探索方面进行了体系化研究，项目示范应用创新性显著，研究成果的社会效益明显。

理论创新研究方面，形成了覆盖概念、内涵、时代特征、演化规律、发展路径的高速公路路衍经济一体化系统研究成果，对于丰富路衍经济理论具有重要意义。

产业模式研究方面，提出了企业运营层面的高速公路产业发展模式，提出包含"高速公路+传统能源""高速公路+乡村振兴""高速公路+土地开发""高速公路+文化传媒""高速公路+骨干物流""高速公路+新能源""高速公路+双碳""高速公路+生态治理""高速公路+旅游""高速公路+ETC增值""高速公路+智慧交通"等在内的产业推进路径和发展模式，对于指导全国高速公路路衍经济产业开发具有重要指导参考价值。

项目示范应用方面,研究成果在山东省实现了成功的应用,在运营管理、技术方面取得了多项创新成果,成功为山东省"交通强国"建设目标、推动区域经济高质量发展、助推高速公路行业高质量发展提供了支撑作用,具有极大的推广应用价值。

8.3 应用前景展望

新时期,高速公路行业发展已经从规模扩张转向效益提升,由传统管理转向现代管理,实现高质量提升。大力发展高速公路路衍经济,提升供需适配效率,对于发挥高速公路辐射范围内的经济效应、有效为区域经济增长方式转换创造内生动力均具有重要意义。本书通过研究高速公路路衍经济的发展理论、探索山东应用实践,为全国高速公路行业的转型升级发展提供了一条可推广的新模式。

一是研究成果有助于更好支撑《交通强国建设纲要》等上位规划。《交通强国建设纲要》提出,要推动交通发展由追求速度规模向更加注重质量效益转变,要加速新业态新模式发展。《国家综合立体交通网规划纲要(2021—2050年)》指出,要推进交通运输与邮政快递、现代物流、旅游、装备制造等相关产业融合发展。本书成果有助于高速公路行业遵循交通运输行业的顶层设计,探索与其他行业深度融合的发展模式,以实现高速公路行业高质量发展的目的。

二是研究成果有助于推动高速公路行业高质量发展。党的十九大报告作出了"我国经济已由高速增长阶段转向高质量发展阶段"的科学论断,党的二十大报告更进一步指出"高质量发展是全面建设社会主义现代化国家的首要任务"。本书的研究成果有助于高速公路行业精准分析自身优势与发展空间,积极思考谋划未来发展方向,通过发展路衍经济实现产业的多元化、特色化,推动自身的高质量发展。

三是研究成果有助于为国内高速公路企业提高经济效益提供经验借鉴。从高速公路运营实际出发,高速公路路衍经济的实施主体一般要落到高速公路企业上,推动高速公路企业可持续发展的关键之一是提升经济效益。全国各地高速公路建设和运营管理公司均面临着传统收费业务方面的压力,迫切需要进一步增加衍生经济业务收入。在山东高速集团的实践探索中,路衍经济收入在2022年约占集团总营收的22.5%,在经济层面极大提升了山东高速集团的可持续发展水平。本研究有利于指导高速公路企业形成新的经济增长点,提升高速公路企业的生命活力。

本书形成的高速公路路衍经济发展理论成果在全国高速公路行业层面具有创新性,已在山东省取得成功实践,获得了运营管理、技术层面的一系列创新成果,取得了显著的经济和社会效益。研究成果对于指导行业主管部门、高速公路企业发展高速公路路衍经济具有重要意义,推广应用的前景极为广阔。

参 考 文 献

[1] 孙瑜.高速公路路衍经济开发与对策研究[J].活力,2022(16):109-111.

[2] 景宏福,翁燕珍.甘肃省公路交通路衍经济发展的对策建议[J].综合运输,2020,42(6):111-115.

[3] 景宏福,翁燕珍.我国公路交通路衍经济发展现状及对甘肃省的借鉴启示[C]//中国公路学会,湖北省交通运输厅,湖北省交通投资集团有限公司.2019中国交通投融资年会暨首届上市公司峰会论文集.2019:43-49.

[4] 王海霞,褚春超,刘洋,等.高速公路路衍经济开发与政策建议[J].交通运输研究,2019,5(1):16-23.

[5] 陈峰.以京港澳高速京石段为例研究高速公路衍生产业发展策略[J].交通世界(运输.车辆),2012(9):150-152.

[6] 王金凤,关健,付大恭,等.高速公路衍生产业发展策略研究[R].郑州:郑州大学,2005.

[7] 张炎亮.高速公路衍生产业发展对策思考[J].综合运输,2005(4):80-81.

[8] 李沁芸.基于价值逻辑的路衍经济商业模式研究[D].昆明:云南大学,2018.

[9] 刘宇春.高速公路衍生产业发展的规律及存在问题[J].中国市场,2013(30):145-147.

[10] 李茜.高速公路衍生产业行政主体研究[D].西安:长安大学,2008.

[11] UCHIDA M.Marketing strategies for information goods:derivative strategy to maximize content value[C]//The Japan Society for Management Information.Abstracts of Conference of Japan Society for Management Information.2004.

[12] 李伟东.高速公路路衍经济发展的思考[J].科技视界,2019(23):262-264.

[13] 王龙,李文杰,常承宗,等.基于SWOT分析的甘肃GJJ集团路衍经济发展思路与举措[J].交通企业管理,2022,37(4):19-22.

[14] 熊平.高速公路路衍经济综合开发四维分析研究[J].物流工程与管理,2020,42(6):79,127-128.

[15] 吴东平,何冬梅,刘兵.高速公路路衍经济产业模式与投资模式研究[J].交通企业管理,2019,34(1):8-10.

[16] 苏海琴.甘肃"路衍经济"结硕果[N].甘肃经济日报,2022-02-17(3).

[17] WOOF M J.Vietnam's major road project[EB/OL].(2021-09-27)[2023-06-30].https://www.worldhighways.com/wh8/news/vietnams-major-road-and-bridge-projects.

[18] BROWN J L.Asian nations plan international road network[J].Civil Engineering,2004,74(10):20.

[19] 林旭霞.高速公路经营公司衍生产业经营开发问题研究[D].西安:长安大学,2008.

[20] 陈建军,王霄汉.内蒙古地区高速公路路衍经济差异化开发探索研究[J].交通世界,2019(29):9-10,15.

[21] 唐军.高速公路服务区运营研究[D].武汉:华中师范大学,2013.

[22] 付大恭.河南高速公路衍生产业发展策略研究[D].天津大学,2005.

[23] 彭公权.湖北京珠高速公路运营品牌的建立与管理研究[D].武汉理工大学,2008.

[24] 胡术.基于地域文化的高速公路服务区品牌化构建研究[J].包装工程,2022,43(2):408-414.

[25] 李海洋.江苏高速公路营运管理品牌创建落地"四步法"[J].交通企业管理,2020,35(2):29-31.

[26] 韦德斌.高速公路运营管理品牌建设探讨[J].西部交通科技,2018(8):197-199.

[27] 韩经纶.高速公路服务品牌建设的创新成果——《"春雨"服务品牌管理模式研究》简介[J].中外企业文化,2014(2):66-67.

[28] 张向民.高速公路服务品牌建设研究[J].经济师,2013(8):249-250.

[29] 彭丽江.高速公路建设微笑文化品牌的现状及创新对策[J].企业科技与发展,2016(6):196-198.

[30] 杨学文.刍议高速公路运营品牌的建立[J].现代经济信息,2015(2):392.

[31] HU S T,WANG X M.Highway passenger transport development strategy with the competition of high-speed railway[C]//International Conference on Civil Engineering and Transportation.2011.

[32] 王孜健,孙可朝,孙杨,等.山东高速集团"路衍经济"发展战略研究[J].综合运输,2023,45(9):172-176.